スタッフが
集まる、育つ、
離れない!

売上が上がる
ほめる基準

成長段階別

「ほめ育」コンサルタント
原 邦雄
Kunio Hara

はじめに

最初にお断りしておきます。従業員をほめて伸ばすだけでは、売上は上がりません。皆さんが思っている「ほめて育てる」という在り方、やり方では売上は上がらない、ということです。

あなたの頭の中にあるこれまでの知識や経験はいったん横に置いていただいて、その上でこの本を読み進めていただければ、「なるほど！」とわかっていただけると思います。

初めまして、ほめ育コンサルタントの原邦雄です。

スタッフをほめ、会社の業績を上げる専門家です。この本の目的は「売上アップ」です。ほめて育てる定義、基準は「行動」をほめること。売上が上がる「行動」が存在するので、それを見つけ、それをほめて、さらにみんなで真似していくのです。これを新人からベテランまで成長別に、「基準」と「ほめるポイント」を具体的に書きました。

弊社には、30店舗展開しており22カ月連続昨年対比100%超え、14カ月連続昨年対比130%アップを達成しているクライアントが存在します。また、東証一部でベースアップ1万円を実現させた420店舗の外食チェーン、社員、パート、アルバイトの採用募集費が5年間ゼロの居酒屋、売上が常に東海エリアで上位3位に入るコンビニなどの事例が存在します。

「今いる従業員全員と一緒に売上を上げること」を、まず心に留め、その焦点をぶらすことなく、この本を読んでください。「このアルバイト（パート）は必要、このアルバイト（パート）は不要」ではなく、全員で一緒に、です。人件費はコストではなく「資本」であり「資源」です。資本主義から「人本主義」に変わったのです。

前著『笑顔とやる気の繁盛店の「ほめシート」』では、「ほめシート」の重要性とその効果、活用法についてお伝えしました。読者の方から多くの反応があり、いろんな声をいただきました。繁盛店にするために大事な「ほめる」こと。その大切さを理解していただき、実際に「ほめシート」を使ってスタッフをほめていただくことが、前作を通じて多くのお店に広がり、本当に感謝しています。

今回の本、『成長別ほめる基準』は、前作の進化版となります。スタッフをほめていただくことは変わらず大前提ですが、より売上を上げていただき、繁盛店としていただくためのノウハウを入れました。「ほめ育コンサルタント」としての私も成長していますから、本の内容も進化しています。「ほめ育コンサルタント」として多くの繁盛店に関わってきた事例と共に、「ほめる」ことであなたのお店の売上が上がる方法をお伝えしていきます。

さあ、売上が上がる準備はよろしいですか？　あなたのお店のスタッフと共に、売上が上がって喜んでいる姿を想像しながら読み進めてください。

目次

第3章 新人スタッフ入店2週間後、最大のほめ時！

第4章 新人スタッフの「行動」完璧マスター編

第5章 ひと通り作業ができるようになったスタッフには

第6章 戦力とみなされるようになったスタッフには

第7章 売上を上げる中心スタッフには

第1章

売上アップはほめることから

1 ほめて育てる3大メリット！「売上アップ」「辞めない」「採用費削減」

◆売上の定義は、お客様からの「ありがとう」の数と質

経営者の中には、「お客様満足を追求していれば、売上はあとからついてくるものだ」という考えをお持ちの方も多いでしょう。しかし、それは売上が上がったあとに、振り返って後付けしているだけのような気がします。

あなたにとって、「売上の定義」とは何でしょうか。**私の考える売上の定義は、「お客様からの『ありがとう』につながった行動」を、「ほめる基準」**としています。

その支持率を上げる行動を現場から見つけ出し、それを基に行動項目として現場へ落とし込めば、必然的に売上が上がる、というわけです。そこからまた新しい「ほめる基準」が見つかります。そして、それをまた吸い上げて体系化します。その繰り返しがスタッフのモチベーションを上げ続けることにつながり、売上にも反映され続けていくのです。

世の中には自己啓発やコーチングの本がたくさん出ていますが、どれを読んでも良いことは書いてあるものの、売上に直結した人材育成本は少ないと感じています。会社やお店の経営者は、売上アップを欲しています。

前述の通り、この本では、「売上を上げるために人をほめなさい」と伝えています。実際に「ほめ育」を実践した企業からは、「売上はあとからついてくるものではなく、売上を上げるために、すぐにできることがもっとある」と、売上アップの報告と共にそんな声をいただいています。

◆「ありがとう」が増えただけで、売上が上がるわけではない

デフレがインフレに変わり、消費税も上がりました。ますます売上を上げていかないといけない時代に突入したのです。これまでの20年間は、昨年対比105％、良くいって110％という時代でした。しかしこれからは、昨年対比120％、130％が出る時代ですし、上がらなかったらつぶれていく時代でもあります。

売上を上げていくために、お客様からの「ありがとう」の数を増やし、質を上げいくこ

とが必至です。

一口に「ありがとう」と言っても、お客様の「ありがとう」には、いろいろな種類があります。簡単な軽い「ありがとう」から、再来店につながる「ありがとう」まで。当然ながら、**お客様が再来店する「ありがとう」をもらわないといけない**わけです。

お客様からの「ありがとう」の中に、1～10のレベルがあったとして、1や2のレベルでは再来店につながらないし、別のお客様への紹介も発生しません。だから単に「お客様から『ありがとう』をもらおう」というのでは抽象度も高い。要は、9や10のレベルの「ありがとう」を狙っていかないといけないのです。

そう、狙って行動をしましょう。それは新人でもできることがあるのです。**お客様からレベルの高い「ありがとう」をもらうために、狙って行動をする。**それを狙って行動できているかどうか？　その行動を見つけてほめるのが「ほめ育」の極意なのです。

◆スタッフを辞めさせている場合ではない

現在、世界的に人口が減り続けています。日本では1年間に100万人生まれて120万人が亡くなっている状態だといわれています。人口分布図を見ても、50年後には人口が半分になるのだとか。海外だとノルウェーのような、少子化がストップしてV字回復している国もありますが、日本もそうなるとは思い難いのです。

人口の減少について触れたのには、意味があります。日本では、ここ数年の採用の流れがガラリと変わり、飲食、物販、サービス業は、今までに輪をかけて人が集まらなくなりました。採用募集広告を出しても、電話が一本も鳴らないなんてことが珍しくなくなってきているのです。

仕事を探している人はたくさんいるのですが、インターネットの会社やSNSを活用した販売促進会社に、若者たちは集中します。大学生にアンケートを取ってみると、働きたくない業界は、居酒屋やパチンコ店など、サービス系が多くなっています。

しかしこの本を読むのは、飲食、物販、サービス業の店長や経営者です。「人が集まらない」で済ませている場合ではありません。だからこそ、知ってほしいのです。

人はいつ育つかわからないし、人間は予測を超える生き物です。だからこそ**今いるスタッフを辞めさせないことが大切**です。辞めさせないことがゴールではありませんが、リーダーは考え方を変えていかないといけません。

人を辞めさせる時代は終わりました。採用募集費（求人広告）がパート一人を雇うのに対して、東京であれば50万円ほどかかります。実際、他のお店も募集しているわけですから、タウンワークなどの求人広告誌のページ数が増え、数も増えた結果、選択肢が広がり、さらに集まらない、という悪循環になっています。求人広告会社にお金を払うために働いているような状況になっているのです。

では、本当にサービス業は不人気な業種なのでしょうか。いいえ、私のクライアントには、アルバイトやパートがどんどん集まる居酒屋チェーンがあります。人が集まるお店、集まらないお店、それは何が違うのでしょうか。

大学生のアンケート結果で出てくる不人気な業種。実は不人気というのは「業種」ではなく、企業や組織の中で、「仲間」や「絆」や「支え合うこと」や「ほめる文化」がない組織が不人気なのです。現場スタッフ（新人など）は、**「ここの組織が自分のことを本当に大事にしてくれるかどうか」**を見ています。当然ながら、大事にしてくれるところに人は集まりますし、大事にしてくれることがわかれば、そこに行きたくなります。

不人気になってしまっているこれまでの流れも、もちろんあります。「サービス業だから仕方がない」と言う人もいますが、そうではなく、あなたの考え方が年月をかけて不人気にさせている原因の一つです。まずそこに気づいてもらわないといけません。人が集まり、人が辞めなくなれば、採用募集費（求人広告）に、月に何十万と払うことがなくなる、そんな現実が実際にあることを知ってください。

◆グローバル社会と世代の違い

近年はグローバル社会だといわれてきていますが、今後、日本には外国人がどんどん入ってきます。また、日本の企業が外国にお店を出していくことが加速していく社会になります。今でさえ、「最近の若者は何を考えているかわからない」と言っているのに、行動をほめる文化をつくらないと、外国人に対して、日本独自の「言わなくても大体わかるでしょう」式文化では通用しません。

もともと外国では「わからない」文化が発達しています。アメリカでは、「経営者の思いは、最初から現場には全く伝わらない」というところからスタートしています。それは肌の色や人種、文化、宗教が異なる「個」を意識した国だからで、日本式の「阿吽の呼吸」などはあり得ません。そもそも「行動の基準」がきっちりある国だからこそ、あれだけのチェーン展開ができているのです。チェーンストア理論では、外国のほうが進んでいます。

「行動」を基準にして、ほめたり認めたりする評価軸が存在しているからです。

日本の企業がアメリカで上手に展開できないのは、「言わなくても大体わかるでしょう」という、昔ながらの日本の文化でやろうとしているからです。アメリカでは、気持ちでも、意見でも、言わないと絶対に通じません。その人がわかる言葉――共通言語――それは英語やフランス語という言葉のことではなくて、**「これをやりましょう」という、互いの「行動」を共通言語にしたもの**のことです。

そこが基本です。

そして、人材育成の仕組みに関しては、日本は少し遅れています。それはいい意味で温かみであったり、お互いが歩み寄ったり、言わなくてもわかったり。それはそれで良い文化ですし、いいことだと思います。しかし時代がそうではなくなってきているのです。

日本の企業では「考え方」で評価されることが多いのですが、アメリカでは「行動」を評価します。その「行動」が売上につながっている、もしくは収入が上がる「行動」かどうか。アメリカでは上司がほめると、従業員は「では、給料を上げてください。それに値する行動をしたでしょう」と言ってきます。それに対して「結果が出る行動を取ったあなたは素晴らしいから、給料を上げます」となります。こういうやり取りが普通に存在するのです。

本当に売上に直結する行動、お客様が再来店する、購入金額が上がる「ありがとう」につながる行動を、徹底的に見つけ出していくのです。

ゆとり世代、さとり世代、ゆとり世代の子ども世代が社会進出してきています。もはや「ゆとり世代だから〜」などと言っている場合ではありません。彼らも巻き込んで、いかに戦力にしていくか、という時代です。

実際に私のクライアントで、「全くほめたくないけど、ゆとり世代を戦力にしないと自分たちが生き残れないから仕方がない」「ほめる文化がないので難しいが、やらなければいけない」と言う方もいましたが、そのクライアントも、ゆとり世代が実際にお店の戦力になっていることに驚いています。

前職でお客様にクレームを言われ、カッとなって味噌汁をそのお客様にかけてしまい、逃げるように辞めてきたアルバイトが、私が提唱する「ほめシート」を使ったことで心を入れ替え、今はお客様のために一生懸命頑張っている事例もあります。学校でいじめられていた子が、お店に入ってきて「もう一度頑張ってみよう」と思い、今は自分の友達をお店に連れてきて、アルバイトを勧めたりしている事例もあります。

支えてもらわないとがんばっていけない世代なのです。彼らはそれを自分の言葉として語っています。「僕たちは支えてもらったらがんばります」と。甘いと思われるかもしれませんが、人間らしいというか、私たちはその時代を受け入れていくことで、新しい戦力をつくっていかないといけないのです。

◆採用費用をかけて集める時代ではなく、人が集まってくる組織にする

先ほども伝えたように、今の時代は人口減少が進み、グローバル社会になり、時代が変わってきているので、採用費用をかけて人を集めても、大企業には集まっても、中小・零細企業には集まらないのが実情です。求人情報誌は、以前に比べてとても分厚くなっています。それだけ人が集まらない時代なのです。

今は採用費用をかけて、さまざまな募集広告から人を集める時代ではなく、今いる従業員が自分の知り合いに、「ウチのお店（会社）はいいよ、入っておいで」と言う時代、お客様が転職して従業員になるという流れをつくる時代です。そこにコストをかける、それは媒体ではなく、**従業員満足費やお客様が従業員になりやすくするようにお金をかけていく**

時代になってきています。

実際に私のクライアントでも、そういう流れの事例はたくさん出てきています。私自身、前職のラーメン屋はそういった流れでした。飲食に強いコンサルタントになるために、ファンだったその会社（ラーメン屋）に就職しました。こういった流れは飲食店では結構多いのです。そこで働こうかどうかを決めるとき、一度はお客として食べに行くものです。「そこで働き始めたら、半年後に自分がどうなっているのか」を調査しに行くのです。

お店の様子や、働いている人が本当に楽しそうに働いているかどうかは、お客様目線だとすぐにわかります。新人の、仕事に慣れていないスタッフが一生懸命がんばっていたり、先輩からフォローされているのを見ると、**「自分もがんばっていけそうだ」と思うのが、そのお店に入ろうと思うきっかけ、決め手になったりするのです。**

従業員同士は裏のネットワークのようなものを持っていたり、日々転職を考えていたりします。同じような職場で働きやすい環境を、今の人たちは常に探しているのです。さらに言うなら、どこかで社員やアルバイトをしながら、空いた時間に別のアルバイトをして、そこが良ければ「社員にしてもらえませんか?」と言ったり、考えたりしているのです。だから現場スタッフの顔が曇っていたり、上からひどく叱られていたり、楽しそうじゃないことはすぐにわかりますから、そういうところには彼らは集まろうとしないのです。

私のクライアントの事例では、千葉県白井市に3店舗ある居酒屋で、5年間採用募集費がゼロのところがあります。もちろん新店のときは募集をかけますが、それ以外はゼロなのです。そこでは先輩アルバイトが新しいアルバイトを引っ張ってきます。しかもクラブの部長や、副部長のような仕事ができる人を狙って連れて来るのです。そして彼ら自身は、学生からそのまま社員になります。一番仕事ができるアルバイトが社員になるのです。そして、どんどん組織が強くなっていっています。採用募集費がかからないので、それを従業員満足費や販促費に使えています。

従業員満足費というのは、例えば研修や表彰会、遠足、旅行、ボーナスといった、自己啓発や仲間づくりにつながる、物心共に豊かになれるものです。採用募集費や未戦力賃金（戦力になる前に辞めていく人たち）にかかるお金は、言わば無駄金。売上アップと共に、この無駄金を意味のある勘定科目に変えていきましょう。「ほめ育」を実践することで、その金銭的効果に、確実につながっていきます。

従業員の給料がどんどん減っていくのに、ほめてごまかすようなものではなく、関わる人すべてが物心共に豊かになっていかないと意味がありません。会社運営にも、従業員教

理だから辞めさせよう。（次があるからいいや）」という時代では、もうないのです。

人は誰でも成長します。その中でも、まずは素直であること、考え方がしっかりしている子は成長が早いのです。ほめられると、すごく伸びます。逆に50代、60代の人のほうが、ほめられて育っていない傾向があるので、一番ほめてもらいたい世代かもしれません。部下をほめる前に、まず自分をほめてもらいたいのです。私はその人たちの時代背景を勉強して、苦労や彼らが築いてきたことへの感謝については、堂々とほめます。従業員教育とはいえ、実際はそのリーダー教育になるからです。

辞めさせない、未戦力賃金を出さない、共に成長する。この3段階の「ほめ育」の流れで、必ず金銭的価値、売上は上がります。この本は、半年後、1年後の売上のために書いた本ではありません。お店は、今日の売上、来週の売上が大事なのです。

だからこそ、この本は今日、明日、来週のお客様の評価が変わり、売上が上がる本にしました。「辞めさせない、未戦力賃金を出さない、共に成長する」、この流れを頭に入れていただいて、この先を読み進めていただけたらと思います。

2 売上を上げているメインキャストは現場スタッフ！

◆必ずお客様に伝わるスタッフの自然な笑顔

経営者や店長ではなく、実際に売上をつくっているのは現場のスタッフです。もちろん、経営者や店長の思いや理想、理念に共感したスタッフですが、現場のスタッフが実際に行動しているから、お客様がまた来てくれたり、紹介につながったりして、売上につながっていることは間違いありません。

「現場」とは、お客様と接しているスタッフを指す言葉です。飲食店でしたら、接客をしてくれる、レジでお金をやり取りする、お皿や飲み物を持って来てくれるアルバイトスタッフや社員さんのことです。それを私は「現場」と定義しています。中には洗い場や調理担当で、直接お客様と顔を合わせていない人もいますが、私の中ではその人たちも「現場」のスタッフです。

お客様は、現場のスタッフが楽しそうに働いているのか、嫌々働いているのか、すぐにクレームにはなりにくいものです。

逆も然り。経営者がスタッフを大事にしていない企業やお店も、少なからず存在します。私は現場コンサルタントとして、例えば売上が上がったら経営陣が手柄を取って、売上が悪かったら現場の責任にさせられるような風潮は、間違っていると感じています。そんなことでは、現場はやっていられません。現場が何をしているのかを知らない経営者も多くいるように感じます。「再来店につながる小さな行動は何ですか？」と質問をしても、答えられない経営者も多いからです。

先日も、こんなことがありました。クライアントである旅行会社の代理店に行って、上司の方に、「同じような代理店が他にもいろいろあると思いますが、どうしてここがお客様に選ばれているのか知っていますか？　明確な理由を言えますか？」とお聞きしました。すると、「大体わかるが、明確には言えない」「ポスターやパンフレットや、飛行機会社が……云々」と答えられたので、「お客様はポスターやパンフレットで選ばれているのではないですよ。本当に些細なことなのです。担当者が店の入り口で、笑顔で待っていてくれたり、お客様を待たせたときに、第一声で必ず謝ってくれたり、**スタッフの皆さんが当たり前だと思ってやっていることに、お客様はファンになったりするんですよ。**お客様は、そういう些細なことで選ぶんです」とお伝えしました。

それは、現場のスタッフがやっている行動です。だから飲食店や美容室でも、仮にお客様が浮気をしたとしても、帰ってくる理由は現場スタッフの言葉や行動、笑顔が理由だったりするのです。技術プラス現場スタッフの行動、言動が再来店につながっているのです。**私はそれを「行動レシピ」と呼んで、行動のレシピ化をしています。**レシピにできたら料理と同じで、100点は無理かもしれませんが、70点ぐらいは真似できる可能性が出てきます。レシピにしなかったら真似はできません。

例えば私のクライアントの、エステサロンでの行動レシピは、お客様の来店から2日後にお礼のハガキを出しています。なぜ2日後かというと、エステに行くとマッサージの揉み返しが2日後に来る場合があるからです。日曜にエステに行ったとして、火曜に揉み返しが来たとしたら、エステへ行ったことが失敗だったとお客様は思います。そのタイミングで、

「○○さん、先日はありがとうございました。1回目の当店のコースはいかがでしたでしょうか。施術の際もお伝えしましたが、現状、揉み返しなどはありませんか？　それは体が変化を起こそうとすることなので、全く問題はありません。しかし、もしも何かあり

ましたら、いつでもお電話ください」というハガキが到着していたら、お客様は安心するでしょう。安心だけでなく信頼にもつながるし、知識にもつながります。

そういった小さなことの積み重ねが大事なのです。これをレシピにする。レシピ化の前には、現場スタッフの行動が再来店動機につながっているということです。

◆現場しか知らないことがある

数年前に大ヒットした映画、『踊る大捜査線 THE MOVIE2 ～レインボーブリッジを封鎖せよ～』のワンシーンで、室井管理官の「現場のみんなを信じる」というセリフがありました。経営者も同じです。現場のスタッフを信じることから始めないといけません。経営者や店長が「現場はがんばっていない」などと言うのではなく、**「自分は現場にはタッチできないから、もう十分がんばっている現場の行動や言動を見つけてほめてあげよう」**と、むしろ経営者や店長もがんばらないといけないのです。

現場をすぐに信じられない経営者や店長もいるかと思いますが、「信じる、信じない」の0対100ではなく、現場のスタッフも理想と比べたら、まだまだ伸びしろがあるだけなので、35点だったらその部分をレシピ化してみんなで真似をしていきましょう。結局は今いるスタッフと一緒に売上を上げていくしかないので、スタッフの粗探しをしている暇はありません。経営者がまずそこを自覚してください。それが経営者や店長の焦点です。まずは〝そこ〟なのです。

今は手持ちの札で勝負するしかありません。例えば仕事が全くできないスタッフがいたとしても、そのスタッフの友達の中には仕事ができる人がいるかもしれません。するとその紹介で採用につながるかもしれません。結果、採用募集費が削減できたとしたら、仕事の全くできないスタッフもお店に貢献できる可能性が出てきます。**それは人件費を「コスト」と考えるか「資本・資源」と考えるのかの違いです。**

それに、現場のアルバイトしか知らないことはたくさんあります。私はアルバイトのインタビューもしているので、お薦めメニューをいつもオーダーしてもらえるアルバイトがいることや、ビールのおかわりをものすごくたくさん取るスタッフがいることも知っています。

例えば、料理のメニューが多ければ、お客様の選択肢も多くなります。選ぶことが好きな人もいますが、中には優柔不断で選ぶのがストレスになる人もいます。お薦めメニューを聞いたときに、「今日は〇〇です！」と言い切ってもらえると、「じゃあ、それもらうわ」となりやすいのです。食べることやおいしいものが好きでも、選ぶのはちょっと……という人も少なくありません。たった一言でも、それが売上につながります。

夏場に、ある居酒屋のスタッフ内で、お客様に生ビールを勧めるコンテストをしました。すると、一人のスタッフだけどんどん成績が上がっていきます。そのスタッフだけが、いつも数字がいいんですね。その理由は、お客様に生ビールを勧めるタイミングが素晴らしかったのです。スタッフに聞いてみると、「お客様の飲む1杯目を見ている」のだそうです。お客様2人がカウンター席に座って、「乾杯」と言ってグーッと飲んだそのときに、「あ、この人は3杯ぐらい飲むな」「この人は飲まないな、1杯ぐらいだな」とわかると言っていました。どうしてかというと、グーッと最初に飲んだビールの量で、ビールを飲み続けるか、もう飲まなくなるか、違うお酒にいくかが、わかると。

その小さな違いを見逃していないんですね。だからタイミング良く、よく飲むお客様には「おかわりどうですか？」と勧められるわけです。あまり飲まないお客様には行かないんですよ、押し売りになるから。押し売りではなくて、タイミング良く言わないと、生ビールの杯数がどんどん増えていかないそうです。

これらの行動を、私がスタッフのインタビューをするまで、店長は知りませんでした。これが「現場」です。店長が現場を知ることから、売上アップのストーリーは始まるのです。**そんなスタッフの素晴らしい行動をたくさん知ることができたら、経営者や店長も、現場をどんどん信じられるのではないでしょうか。**だからこそ、まず「知る」ことからなのです。

今の例のようなスタッフの良い行動、素晴らしい行動を見つけてあげるのです。マイナスに焦点を当ててはいけません。できないところ、できていないところ、そんなマイナスに焦点が当たっていたら、良いアイデアは浮かびません。**今いるスタッフと一緒に売上を上げること。そこに焦点を当ててください。**それ以外の焦点ではダメです。

人間は3％しか能力を使わずに死ぬそうです。あと97％は残っているんです。その従業員の能力を、あなたの能力も含めて引き出すために、まず焦点が必要だということです。そして、現場のスタッフがすでにやっていた行動を見つけ、レシピ化していきます。

そのために、本書では、

●スタッフの行動をどうやって見つけるのか

●見つけた行動をどう活用していくのか

●その行動により、どうやって売上を伸ばしていくのか

これらを事例とともに、スタッフを「入店初日」「入店2週間」「作業を覚えた段階」「お店の戦力」「売上を上げる中心スタッフ」の5段階に分けて第2章から順に紹介していきます。

◆がんばっていないスタッフはいない

「今いるスタッフ全員と一緒に売上を上げる道しかない」そう伝えました。私はがんばっていないスタッフはいないと思っています。がんばり方が下手くそなのだと感じています。

私も研修や店舗ミーティングをやりますが、過去に恥ずかしがっているのかふざけているのか、研修に必要な書類に記入をしない、全く人の話を聞かないパートさんがいました。しかし私にはその人ががんばっていることがわかります。研修のための研修ではないので、書類に記入して、何かに気づいて自分の行動が進化するのはいいと思いますが、書くだけではお客様は喜びません。その人は研修が終わって営業時間になったら、誰よりも爽やかに「いらっしゃいませ」を言ったり、お客様の名前やメニューを覚えたり、スタッフみんなを引っ張ったり、仕込みをがんばったりしていました。

もしもそこで私が「真面目に参加してください」と言ってしまったら、その人は拗ねて逆にやらなくなると思うのです。表現力がとぼしかったり、研修会に慣れていなかったりするだけなのです。

ですから、「ウチのスタッフはがんばっていないんだ」と思う経営者はダメです。もちろん伸びしろはありますが、部下育成は自分育成ですから、育たない理由の半分は上司の責任なのです。そういう焦点にしなければ、今いるスタッフ全員と一緒に売上を上げる道はありません。それ以外の方法では効率が悪いのです。仕事ができる店長や経営者が焦点を間違ってしまうと、何をやってもうまくいきません。

私がこういう話をすると、経営者や店長の中には「いや、そんなこと言いますけどね、こちらがいくら言っても相手には伝わらないんですよ。伝わっていると思っていても、実際は違って辞めていくんですよ！」と、ご自分の思いを吐露される方もいらっしゃいます。気持ちはわかりますが、「長の一念」という言葉があるように、**「今いるスタッフ全員と一緒に売上を上げる」という焦点だけはぶらさないでいただきたいのです。**望むことは、湯水のように採用費をかけてスタッフを一新し、再出発することではないはずです。

最高級の素材と調味料で料理を作れば、おいしい料理ができるのは当たり前です。最高の人材が集まり、最高の商品、サービスがあれば売上は上がるでしょう。しかし、手元にある素材で最高の料理を作る方法こそ、現場で本当に必要とされていることであり、リーダーの腕の見せどころではないでしょうか。今いるスタッフ全員で売上を上げていくためには、辞めさせている場合ではありません。

「この人は必要、この人はいらない」ではなく、新人でも貴重な戦力として、チームの一員になってもらうことが大切です。

飛行機は、離陸時はほとんど手動らしいのですが、安定するとオートパイロット・システムに切り替わり、普通は遅れることなく目的地へ連れて行ってくれます。「着陸地点」という焦点が合って、オートパイロット・システムが入っていれば、目的地へ時間通りに着くことができます。「今いるスタッフ全員と一緒に売上を上げる」という焦点で、現場スタッフと共に「売上を上げる」というゴールに進んでいけば、お客様からのクレーム、新人の失敗などの〝乱気流〟があったとしても、必ずゴール（到着地点）にたどり着くことができます。もちろん、現場の人たちの気持ちにも共感しなければなりません。焦点を間違うと乱気流に巻き込まれたまま、どこへ行ってしまうかわからなくなるからです。

3 新人からベテランまで、ほめ方に技アリ！

◆ほめるのは「人」ではなく「行動」

焦点が「今いるスタッフ全員と一緒に売上を上げる」ことなので、新人も入った初日から売上を上げる戦力になり得ますし、時給も払っているわけですから、費用対効果やお店の売上を上げる一員になってもらわないといけません。

ということは、新人と、何年も働いているベテラン社員とでは、ほめ方も全く違ってきます。モチベーションを上げたりすることとは異なり、売上を上げること、お客様からの「ありがとう」の数や質を上げることが目的なので、その中で新人のための戦力アップ、初日からお店の売上に貢献できるほめ方には、技が必要です。新人は何をしたらいいかがわかりませんから、売上アップのための正しい教育をしなければいけません。

一方で、ベテランは基礎知識や基本価値はもう身についている状況なので、考える力や生み出す力、後輩を巻き込む力、毎日違うお客様への臨機対応の力など、自主的に行動してもらう必要があります。その行動をほめるのです。理想のお店やゴールはもちろんベテランにも言いますが、任せる量が変わってきます。ベテランに細かいことを言ったりほめていたりしても、うっとうしいと思いますので、大枠だけ伝えて、あとはやり方を任せます。**新人は大枠だけでは任せられないので、具体的な作業レベルのことを言ってあげることが必要です。そしてその行動を取ったことをほめてあげるのです。**

「ほめる」というと、一見、髪形や持ち物、その人の人間性や言葉遣いなどの、人間が人間をほめるようなイメージを持たれることがありますが、この本は違います。**人間が「行動」をほめるのです。**新人のほめるに値する行動と、ベテランのほめるに値する行動は違います。新人と同じレベルでほめられたベテランはきっとバカにされていると思いますし、ベテランと同じことを期待されても新人は意味がわかりません。ですから、スタッフのレベルを5段階に分けてほめていくのです。

ほめるのは、あくまでも売上アップ、利益アップのためです。「お金のためにほめるの？」と驚かれることもありますが、この本に関しては「生き方」ではなく、「今いるスタッフ全員と一緒に物心共に幸せになる」ことが目的なので、それを言い換えるなら「お金」ということになります。「お金＝価値・お客様からのありがとうの数と質」です。

逆に、「ほめることが大事だよね」と、ほめること自体に気持ち良くなってくることもあります。そもそも何のためにほめるのか、それを忘れてもらわないためにも、目的が売上アップであることは大前提に置いておきましょう。

経営者や店長は、売上が上がらないことを外的要因や人のせいにしたがります。「できる子はいいができない子は……」などと言ったり、言っても仕方がないような外部のことを何度も言う人もいます。そんな暇があるなら、今いるスタッフの良い行動、売上につながる素晴らしい行動を見つけるために時間を使ってください。

◆本人が「ほめられた」と認識しなければ意味がない

ほめられた本人が「あ、ほめられた！」と思わなければ意味がありません。「飴と鞭の」飴ではダメなのです。飴と鞭では、飴のあとに鞭が来ること、つまり甘い言葉を言われてもそのあとに「来週のシフトが足りないんだけど……」「仕込みのための残業をしてほしい」などと続き、結局そのためにほめられたのか、と相手に思わせてしまいます。人間関係、信頼関係ができていたらそれも許されるかもしれませんが、今の子たちは頭が良く、感受性が強くて感性豊かなので、最近流行のうわべの「ほめ」の練習台にされていると、バレてしまいます。ほめることはお互いが尊敬できる内容で、ほめられたほうも「ほめられて当然でしょう」となるような、努力や勉強や行動、そして成果物も自信を持てるような内容でお互いが認識しなければ売上は上がりません。これはベテランにおいては、ハードルの高いことだと思います。

教える側（店長や先輩）は、新人のころの気持ちをもう忘れているかもしれません。ですが新人は新人で、新しい環境にもすぐには慣れないし、覚えないといけないことがたくさんあります。新人の行動を見ていれば、ほめるに値することは見えてくるでしょう。新人がきっちりとシフト通りに来て「今日もよろしくお願いします！」と言ったことや、初めて「いらっしゃいませ」や「ありがとうございました」と言えたことは、彼や彼女の人生史上、一番がんばったことかもしれません。そこに共感すれば、店長も新人もお互いに「よくがんばった」と思ってほめ、ほめられることができます。

周囲からすればたいしたことではないかもしれませんが、新人の気持ちになればほめるに値することになります。背伸びすれば届くような水準の仕事を店長が言ってあげることも大事ですし、新人も背伸びをしてみることが大事です。そこをお互いが認識してほめないといけないところでもあります。

一般的に、ベテランはベテランでだんだんとほめにくくなります。どこを見てあげればいいのか、難しくなりがちです。ですから、次々と課題を用意してあげないといけません。お店の作業的にはもう十分かもしれませんが、そこにマネジメントや業界の勉強、ミーティングの手法、フォロワーシップなど次のステージを用意してあげる必要があります。作業ができるようになった人間のステージはいくらでもありますので、それは店長や経営者が彼らに対しての次のステージを伝えてあげることも大切です。

「ほめ育」の中身の話になりますが、私はその人にしかないミッション（使命）が存在していると思っています。そのミッションに加え、その人しか持っていない武器（技術や知識や能力）があって、それはセットになっています。さらに言うなら、**売上や利益につながる、その人しか持っていない武器が絶対にあると信じています。リーダーはそれを見つけてあげないといけないし、見つける能力を身につけないといけないのです。**

その武器を見つけてもらい、ほめられたら伸びますし、お互いに嬉しいですから、またがんばります。その武器の見つけ方に関しては後ほど述べますが、武器を見つけてあげることで、新人からベテランまでのそれぞれの抽象度の高い能力がどんどん具体的になります。砂金を探すようなイメージで、泥の中からその子しか持っていない金が出てきたりします。そして、利益が上がっていきます。それがスパイラルアップにつながります。それが、私の「ほめ育」なのです。

◆ほめられると、忘れなくなる

経営者や店長は、当たり前ですが常にお店のことを考えています。毎日の中での、仕事の優先順位は高いのです。ですが、スタッフはどうでしょう？　学生だったら学校での生活があり、試験もあるし、友達と遊ぶ時間もあります。趣味の時間だってあるでしょう。アルバイトとしてシフトに入っていても、その時間は生活の一部です。店長とアルバイトの、お店にいる時間が違うのは当然ですよね。働く時間数も違います。店長と比べて、そこまで仕事の優先順位は高くないわけです。

それと同じことです。「だからアルバイトは店長とは違うんです。毎日の仕事は、アルバイトにとって優先順位が低いんです。店長は仕事第一かもしれませんが、アルバイトはそうじゃないんです」と伝えます。アルバイトは仕事に対しての優先順位が低いだけなので、それを高めてあげないといけません。仕事のことを忘れないような仕組みを入れてあげるのです。

例えば、アルバイトの仕事が終わって帰るときや、終礼などに「今日はこれができるようになったね」と具体的に言ってあげると、そのことを忘れにくくなります。すると、次のシフトのときに忘れる度合いが小さくなるので、仕事に対する優先順位が上がり、成長している可能性が高くなります。朝起きた瞬間に、**アルバイトの時間が待ち遠しい、シフトに入っていないことが残念と思わせるお店が、現場スタッフの笑顔につながるのです。**

これは、脳科学的にも証明されていて、人間の脳の特徴、習性として、ほめると忘れにくくなる、記憶にとどまりやすくなるといわれています。これを使わない手はありません。退勤前の一言、忘れないようにしましょう。

◆KGI&KPIがアメリカのスタンダード

私が日米を往復する中で見つけたアメリカの文化があります。「ほめる基準」は、アメリカではすでにスタンダートになっていました。「KGI」も「KPI」も、マネジメント用語で、経営者、経営陣が従業員に対して、「目標を達成するための行動が行われているかどうか」を定期的、定量的に測定する指標のことをいいます。

アメリカでは、人種も文化も宗教も環境も、肌の色もほとんど違います。考え方も違う人種が集まっています。そういった人間たちを束ねて働いてもらわないといけないですし、同じ目標に向かって働いてもらわないといけない中で、経営者、経営陣は、「自分たちのポリシーやミッションは現場には伝わらない」という前提で仕組みをつくっています。

先ほども伝えましたが、日本での「言わなくてもわかるだろう」という文化とは、全く逆です。

「KGI」と「KPI」、どちらも少し詳しく解説していきましょう。

「KGI」とは、「Key Goal Indicators」の略で、上司は部下に、「ここを目指しなさい」というゴールを示すことをいいます。目標がないと、その行動が結果を生んだかどうか、わからないですよね。

一方で、「KPI」とは、「Key Performance Indicators」の略で、ゴールを目指すために、どういう行動を取るのかを共有することをいいます。目標を達成するために具体的な業務プロセス（つまり「行動」）を設定するのですね。

なぜ、このようなプロセスが必要かというと、評価する人とされる人の間にはミスマッチが生じるからです。評価する側、例えば上司などは、部下の行動やその過程をすべて把握し、逐一チェックすることは現実的に不可能です。あなたも部下のすべてを均等に管理できているかと言われたら自信を持って「はい！」とは言えないのではないでしょうか。ですから、上司からすれば、部下を評価するときの基準となるのは、彼らが出した実際の結果（行動や数字）しかありません。

一方で評価される側、部下の立場からすると、実際の結果が目標に達した、達していないにかかわらず、その過程（行動）にも注目してもらいたいものです。

上司が「KGI」で目標と期待を設定し、部下が「KPI」で期待に応える、という構図がしっかりあることで、お互いに不公平に感じることがなくなるのです。

アメリカでは、ほとんどの企業が「KGI」と「KPI」で、上司と部下が契約を結んでいます。「KGI」と「KPI」を共有して、行動をしたら、もちろんほめます。日本でも今後は、この「KGI」と「KPI」が一般的になっていくと思いますし、すでに取り入れているところもあります。「KPI」については本も出ていますし、人事コンサルタントの中では結構な認知度があると思います。しかし、これをお店に取り入れたり、ほめる基準にしている人はいません。

「ＫＧＩ」と「ＫＰＩ」は、ほとんどの企業がこれから導入しないといけなくなる仕組みだと思っています。人口減少やゆとり世代、さとり世代の社会進出や、外国人労働者の流入、日本企業の海外進出などが避けられない事態になるので、そんなときにこれを知らないと、経営をやっていけないからです。

日本もアメリカと同じく、**人はそれぞれ焦点が異なるので、「ほめる行動」を共通言語にしていかないと、全員が同じ方向を向けないのです。**ですから、この「ＫＧＩ」と「ＫＰＩ」を新人からベテランまでつくる必要があります。新人でもベテランでも、「これならできる」という行動の「ＫＧＩ」と「ＫＰＩ」をつくっておけば、成果物が同じなので、感情に左右されずに済みます。そのためにも「ＫＧＩ」と「ＫＰＩ」が必要なのです。

4 ほめる対象は「人」か「行動」か？

◆そもそも、人が人をほめることはできるのか？

人が人をほめるといっても、部下から上司は、ほめられません。「人が人をほめる」には、どこかで「上↓下」の関係が前提になっているような気がします。例えば、「ほめてあげる」感じですね。逆に部下から上司の場合は、ほめるというよりも、「感謝」に近いのではないでしょうか。

人が「人」をほめようとすると、弊害が起こります。なぜなら、人間は感情の生き物だからです。人間には調子がいいときと、機嫌が悪いときが必ずあります。そんな感情に任せてほめたり叱ったりすると、相手はパニックになり、やがて心を閉ざしてしまいます。これでは信頼関係は生まれません。それは、きっとあなたも同じだと思います。

ですから、ほめるのはあくまでも「行動」です。「良いものは良い」「ダメなものはダメ」だと。相手に明確に伝えるためには、「行動」を基準にしなければなりません。感情でほめる、叱るには基準がなく、グレーゾーンができてしまうからです。

経営者やリーダーがこの本を読むことは、練習だと考えてください。お店の売上の上がる行動が何なのか、今までは考えてこなかった人が多いと思うので、それを訓練するのです。それが身につくと、経営はかなり楽になります。

人が人をほめる場合、ほめる側はかなりの人間力を身につける必要があります。機嫌が悪いときなどもありますから。ですが、たとえいくら機嫌が悪くても、行動したら思いっきりほめることは、訓練次第でできるようになります。結局はほめないと売上が上がらない、今いるスタッフ全員と一緒に売上を上げていかないといけないので、1日一つはほめないといけないわけです。目的があればやれるはずです。そして実際に売上が上がると、お互いのコミュニケーションが円滑になり、継続につながります。ですからこの本では、「人ではなく行動をほめる」ことに集中していきます。

◆ほめる大国アメリカと、日本のほめる基準の違い

アメリカはほめる大国です。ちょっとほめすぎじゃないかな、と感じるところもありま

すが、ただあのボキャブラリーとユーモアは真似したほうがいいと思うくらい、脳の使い方がとてもうまいと感心します。なぜなら、ほめるほうが絶対に脳は動くし、アイデアは浮かぶし、ビジネスもうまくいきます。

アメリカでのほめる基準とは、先ほども書いた「ＫＧＩ」と「ＫＰＩ」です。これがどこの企業にもあるのです。アメリカの人事系のコンサルタントは、この「ＫＧＩ」「ＫＰＩ」づくりと、これの管理や活用しての会議と事業計画（ビジョン）づくりが仕事です。これができたら計画通りに成功する、ということです。ほめる基準が、上司と部下の両方に根づいているアメリカならではの文化ですね。

では日本の商売、ビジネスの文化はどうだったでしょうか。かつて戦前の日本では、「お店にいるたった一人の人」にお客様が集まっていました。お店の〝大将〟や〝女将〟と呼ばれる人がお店の看板となり、お客様はその人を目当てに来店、再来店していたのです。しかし時代が進み、業種が多様化していく中で、選ぶ側の選択肢が増えました。新しい業態の店が増える中で、それまでただの使用人だった人たちが、一人のスタッフとしてお客様に見られるようになってきたのです。

そこで生まれたのが「マニュアル」です。マニュアルとは、誰がやってもある程度同じ結果を生むことができる行動項目のことです。素質がある人間もない人間も、マニュアルに書かれていることを実践していれば、ある程度までのお客様からは満足を得ることができます。それにより、もう〝大将〟や〝女将〟ではなくても、お店を回していけるようになりました。小さな飲み屋が大きな居酒屋となり、小売店がコンビニに変わっていった例がわかりやすいのではないでしょうか。

そのお店に飲みに行ったり、何かを買いに行けば、お店にいるのはいつも同じ人だったのが、チェーン店の居酒屋やコンビニに行っても、誰が店長かなんてすぐにはわかりません。逆に、今の時代でも店長や〝大将〟や〝女将〟の存在だけで繁盛させることができているることは、強みといえます。

ですが、そんなお店はどんどん消えていき、やがてお客様はそのマニュアルの対応にも慣れてしまい、それだけでは満足しなくなっていきました。そればかりか、逆にそれだけでは不満を抱くようになってしまったのです。時代は選ぶお客様側目線で進化したということです。この時点で、これまでのやり方、お店の看板がいればいいというやり方は通用しなくなったのです。

そこで生まれたのが、「会社のミッションを自主的に行動へ」という考え方です。企業によって多少の違いはあるものの、ミッションに基づいた行動であれば、スタッフはある程度の裁量を許され、その中で個々にお客様満足の追求ができる時代になりました。スターバックスコーヒーなどのポリシー教育（誇りを持って自主的に考え行動する）が挙げられるかもしれません。ある意味でこれは、素質を持った人にとっては最高の考え方だったでしょう。

しかし、時代は動いています。今は、もはやミッションだけでは対応し切れない事態が迫っています。ミッションの次に来る新しい教育の在り方、やり方を見つけないといけません。

すべてに共通する新しい教育の在り方、やり方が、「行動をほめる」ことなのです。ポリシー浸透の次の基準作り、「ＫＧＩ」と「ＫＰＩ」づくりの時代だと思っています。

すべてのスタッフが行っている、お客様の「ありがとう」につながっている行動をほめ、その行動を吸い出し、体系化し、スタッフ全員で真似て（モデリングして）いく。スタッフの行動を吸い上げて体系化すること、つまりほめる行動の「基準」を作るのです。

この基準と、時代が求めている「ほめる」を組み合わせたのが、「ほめる基準」です。商売の勘が薄い人たちに、ミッションに基づいた自由な発想と行動を求めても、なかなか成

漫画　峠タカノリ

果は出ません。かといって従来のマニュアルを与えて実践させたとしても、それでは昔へ逆戻りしてしまいます。

もはや、マニュアルではお客様を喜ばせるには不十分だからです。

「ほめる基準」は、ミッションとマニュアルのいいとこ取りをした新しい方法です。すでに行われている現場スタッフの素晴らしい行動、その人だけのかけがえのない価値を見つけ出し、それを「ほめる基準」にしてしまうのです。

◆「行動」は、万国共通！

この本も、日本だけではなく世界に提示できると思っていますが、世界中どこの国の人であっても、できる行動目標さえつくってあげれば、行動はできると思っています。考え方は生まれや環境や文化や宗教の違いがあるので、教えられなかったり、それを「違い」と言われたら、考え方を浸透させるには、かなりの時間がかかります。

しかし行動は万国共通です。その背景にあるのは「お客様が喜ぶ行動」だからです。

商売のゴールデンルールは「お客様の課題を解決する、希望を叶えること」ですから、働いている人は「お客様が喜ぶ行動」をしましょう、ということです。お客様の笑顔をつくることは、世界中のすべての商売で同じだと思うので、「行動」は万国共通の言語だといえます。

人をほめるのではなく行動をほめるときに、その「行動」とは、その「言動」とは、何なのでしょうか？

今まで行動しなかった人が行動するようになったり、喋らなかった人が喋るようになったり、「いらっしゃいませ」を大きな声で言えるようになったり、これを私はすごいことだと思っています。奇跡といってもいいかもしれません。ですから、その行動や言動の変化を見逃さずに「それだ！」と言ってあげるのです。それは実際に行動したスタッフにとっては、とても勇気のいることですし、間違いなく成果ですから、それを見つけてあげられるリーダーになっていただきたいのです。

◆部下育成は自分育成

「育児は育自」という言葉がありますが、部下を育成することも、自分を育成することだと考えています。部下が育たない理由の半分は、リーダーの責任であるという考え方にしませんか、ということです。

目的は「今いるスタッフ全員と一緒に売上を上げること」ですから、育たないから戦力として要らない、シフトを埋めるだけの要員だと考えるのではなく、給料を払っている以上、売上アップや利益貢献に協力してもらうように育てることが大切です。結局、会社や店舗はリーダー（店長や経営者）の人間力によるところが大きいので、「部下育成＝自分育成」という考え方を忘れないでいただきたいのです。

これは、私のセミナーでも伝えています。こういう考え方をしておかないと、実際には能力に自信がない部下が入ってくることもあり得ます。しかし目的は、何度も言いますが「今いるスタッフ全員と一緒に売上を上げること」です。

能力に自信がない新人に対しても給料を払うわけですから、その費用対効果を生み出さないと会社やお店は継続できません。時給1000円のアルバイトが、時給3000円の働きをしてくれることもいいのですが、時給850円のアルバイトが、時給1000円の働きをしてくれることもいいはずです。ですから、どんな人間も活用して、売上アップに貢献できるような行動目標を言ってあげたり、初日から戦力になる教え方があれば、利益貢献は可能なのです。

リーダーは、どこかで「最近の若者は〜」と思ったり、言ったりしていませんか？　たとえどんなスタッフが来ても、売上アップに貢献できるような教え方ができるリーダーが、経営者にとっては頼もしいのではないでしょうか。

これは言葉で言うのは簡単ですが、なかなか難しいことだと思います。つい「何でできないの？」と言ってしまうのも確かです。しかし、だからこそリーダーは学ぶことができます。「1」言って「10」理解できるスタッフだと、一般的にはいい子が入ってきたと思うかもしれません。逆に「10」言って「1」しか理解できないスタッフだと、不満だらけになるかもしれません。

ですが、**リーダーシップや部下育成のノウハウは、「10」言って「1」しか動かない部下のほうが、学ぶことが多いのです。**「1」言って「10」できるスタッフばかりなら、リーダーは必要ありませんから。

5 「ほめ」をレシピ化。モデリングこそ、成長なり

◆ラーメン同様、繁盛店には繁盛する皆のレシピがある

香川県に大和製作所という会社があります。本来は製麵機メーカーなのですが、ラーメン店で独立したい人のために、ラーメン道場を運営しています。ラーメン店を出したいオーナーが、自分の店で麵を作って出すために、スープの勉強などを行う独立道場です。『ガイヤの夜明』にも出た会社です。

少しラーメンのスープについて語らせてもらうと、ラーメンのスープは元ダレと調味料に分かれていて、しょうゆをはじめ、さまざまな調味料をグラム単位で混ぜてタレを作り、その店の味をつくっていきます。本来ラーメン職人は、そういう工程を自分の感覚でやるので、毎回スープの味が変わるなんてことは、多々あることです。

しかし、そのラーメン道場では、1グラム単位で、その経営者のレシピで作っていくので、味は変わりません。スープを煮詰める時間も決まっているので、ずっと同じ味が出せます。

ラーメン屋の店長、オーナーの最優先の仕事は、スープの安定、味の安定ですから、それをレシピにしておかないと繁盛店はつくれません。レシピはそのぐらい大事なことなのです。レシピがないとおいしい味はつくれない、といっても過言ではありません。

レシピにしないと味が安定しないのと同じように、**行動をレシピにしないと、安定的にお客様を喜ばせるお店、要は繁盛店をつくれません。繁盛店にするための目標も立てられないからです。**レシピにしないと料理が作れないということは、「何となく」で行動していたり、職人の技術、その経営者にしかつくれないお店といったものが、時代にそぐわない、チェーン展開できないお店になっているということです。

繁盛店もレシピにできるのです。行動レシピを作ることは大変ですが、それは全く存在しないものを作るのではなく、**今すでに存在しているものを形にしていくのです。「成功の要因を体系化しよう」**ということです。

私はすべての成功はレシピにできると考えています。成功者はレシピをレシピ通りにしているから成功しているのです。繁盛店も、繁盛店のレシピをみんなが行動しているから繁盛店になっているのです。レシピは日々変わっていくのですが、一つ一つ細分化していくと、行動に落とし込むことが可能だと考えています。

大和製麺所で言うならば、ラーメンスープの味を変わらないものにしていること。ですから、従業員のモチベーションも上げていくことができるのだと考えているのです。そのためにはレシピにしないといけません。レシピにさえしておけば、料理が下手な人でもおいしい味は出すことが可能になります。もちろん素材や火加減、水や調理器具の質によって料理は変わりますが、レシピの有無によって、そのぶれは変わってくるのです。

◆長所伸展、短所改善の時代から、モデリングの時代へ

以前、私が勤めていた船井総研では、「長所伸展」と言っていました。トヨタでは、「短所改善」と言っており、どちらもとても大事なことなのですが、それだけではもう乗り越えていけません。良いところを見つけて、みんなでモデリングです。どうでもいいところではなく、一人一人が持っている売上アップ、利益につながる素晴らしい行動や能力、知識、技術をレシピ化して、みんなで真似をしていく時代です。

モデリングの内容は、朝礼やミーティングでの発表、店長が代弁するなどして、全員で共有します。例えば22歳のアルバイトが、これからお店の中心メンバーの一人になるとし

ます。そんなときは10から20歳も離れた店長が、「○○をやってね」と言うのではなく、年齢の近い先輩から言ったほうがいいのです。歳が近いこと、社歴が近いこと、役割が近いことが理由です。店長と現場のスタッフでは、役割が全然違います。ですから自分と年が近い先輩で、作業も背中を見られるような、まさにモデルになる存在が理想的です。

店長からいくら言葉で言われても、実際にやっている姿を見ていないので、何をしたらいいのかが、イマイチピンときません。ですから見本を立てて、その人の良いところをモデリングするのです。人はほめられることで自分の欠点を素直に受け入れることができるようになります。誰かが店長にほめられているところを見ると、自分もその行動を取ってみようとなります。それは彼らの目的の一つに「上司にほめられるために働く」ということがあるからです。

そういうスタッフはたくさんいます。ですから何をしたらほめられるのかを教えてあげて、それを実践しているスタッフが発表し、お客様に喜びが伝わることをみんなで真似していくのです。

真似をすること、それは店長がスタッフ全員のことをほめる材料ができることです。要は、**ほめる材料を上司は部下に提示し、部下は上司にそれを行動で見せ、上司はそれを実**

際にほめてあげるのです。これを繰り返します。

もしも年齢的な序列がうまくできていない組織においては、3段階ぐらいで始めるようにしましょう。マクドナルドでは、32から36の段階が存在します。マクドナルドは高校1年生のアルバイトから幹部に育てるという流れをつくっています。人生初めてのアルバイトがマクドナルドで、そこから成長してもらって、そのまま就職してもらい、マネジャーなどの経験を経て、会社の幹部にするのです。

マクドナルドの店長は20代後半から30代後半ですが、活躍している店長のほとんどはアルバイト上がりで、マクドナルド一筋の人が多いのです。それだけ会社に魅力があるということです。マクドナルドを辞めた人間へのアンケートを取るなどして、勉強もしています。

結局、人が辞める本当の理由は「上司との人間関係」、さらに言うと「大切にされていないこと」などの心情的なことが多いのです。そういったことをアンケートで把握しています。高校1年生の男女に対象を絞ってアルバイト募集をかけている企業は、今のところマクドナルド以外はありません。

◆共に成長し、継続することが健全な組織

経営者だけでなく、店長やアルバイトなど、関わる人みんなが共に成長する組織でないといけません。経営者だけが儲かったり、実績ができたり、逆に経営者や店長がボロボロだけど、スタッフは笑顔だったりすると、三方良しで継続的な売上アップにはつながりません。この「共に成長」が、組織のテーマになるのではないかと思い、それを目指しています。そこを目指さないと売上は上がらないし、利益にもつながらないからです。

例えば、自分の3年前を振り返ってみてください。今のほうが絶対に成長していませんか？　明らかに成長を実感しているはずです。独立したい人だけでなく、お店で働いているアルバイトでも、半年前と比べたら知識も技術も役割も増えているだろうし、自分の地位も、店長から認められている仕事の質や量も全く違うはずです。

継続も大切です。成長を実感してもらわないと継続もできません。そのために、お互いの成長のすり合わせが大事です。あまりにも高いハードルを設定してもダメですし、手に届くことばかりでも、成長したと本人は思えません。

クライアントである、東京都にあるビアレストラン、キリンシティさんは、直営31店舗、

22カ月連続昨年対比１００％超えを実現している企業です。強みはビールと料理の質、そしてスタッフが誇りを持って働いていることです。ほめる基準を作り、各店で行動チェックリストを活用して、「ほめ育」を全社で導入してくれています。スタッフが何を目標にがんばればいいのかを明確にすることにより、作業レベルが高くなり、ますますお客様に喜ばれ、売上アップにつながっています。

それでは、新人からベテランまでを5つのランク（成長別）のほめる基準の作り方に入っていきましょう。

第2章

入店初日の新人スタッフも即戦力になれる!

1 新人スタッフができる「売上につながる行動」を書き出そう

◆新人も初日から戦力化する

これは店長が作ります。新人スタッフも即戦力になれるのです。どこかで、入社初日の新人は、「今日は見るだけ」「覚えればいいから」で終わっている傾向を見たり聞いたりします。慣れることも、もちろん大事です。しかし一つか二つは売上に貢献できると思うのです。すでに時給は発生しているわけですから、そのお返しとして、少しでもお店に貢献してもらう。そういった焦点で育てるか、また**新人スタッフのほうも、初日から貢献しようという文化を店に根づけたい**と思っています。

甘やかしてしまったら、初日でも3日目でも1週間目でも1カ月目でも、基準を設けないと、どこから戦力として数えるかが曖昧になります。お客様からすれば、制服を着て「いらっしゃいませ」と言った以上は、皆同じスタッフなのです。ですから、新人スタッフでもできる、売上につながる行動を書いてみよう、ということです。

◆そもそも売上の意味って何?

これを聞くと、すんなりと答えられない人が結構います。

売上とは、「客数×客単価」です。客数は、新規客、紹介された新規客、常連客の来店頻度アップ(月1回→月2回)、飲食店であれば回転率アップなどです。

客単価は、お持ち帰りを勧めたり、ビールのおかわりを勧めたり、アパレルでしたら上の服と一緒に下の服を勧めるコーディネイト力であったり、そんなふうにどんどん売上を細かく分けて行動を見つけていきます。これを「売上ロジックツリー」といいますが、この売上ロジックツリーをつくっていくと、行動が見えてくるということです。

細かく砕いていき、その中で新人スタッフ・iもできることを見つけ、書き出していきます。これは必ず存在します。そして売上アップにつながる行動は思いっ切りほめてあげ、つながっていないところは「ダメだよ」と言ってあげます。

◆新人は素直、挨拶、笑顔

テーマ的にはこの3つです。これは「売上につながる行動」です。上司や先輩から「これをやって」と言われたら、とりあえず0・2秒の返事で受け入れて素直に行動することを徹底してもらいます。

次に先輩や上司や仲間に自分から挨拶をすること。挨拶の「挨」は自ら心を開く、「拶」は自ら近づくという意味があります。新人スタッフが自分から心を開いて近づいて「初めまして」や「こんにちは」を言うことで活気もつきますし、お客様に対する挨拶は、まだ作業を覚えていなくても、洗い場にいてもできることです。

たとえそれがお客様に対して届いていなくても、厨房の人たちにはそのことは伝わります。新人スタッフの元気いっぱいの挨拶が、どれだけお店に活力を与えるか。

ですから挨拶は大事なのです。

笑顔は自分で完結できます。自分から笑顔にしようと思ったらできることです。技術やマニュアルが必要なことではありません。最近の飲食店では笑顔を教えるところも増えてきてはいますが、基本的に新人スタッフには作業から教えるところが多いのです。新人や現場のスタッフが笑顔じゃない時点で、お店の中のコミュニケーション、店長の考え方がわかってしまいます。緊張で笑顔がないのか、面倒で笑顔でないのかはお客様にはすぐわかります。楽しそうに働いているか、大事にされていると思っているかどうかもわかります。

笑顔でも内輪ネタでニヤついている笑顔だとダメです。それは店長がどういうお店にしたいか、新人にどう言っているかだと思います。笑顔がなかったり、笑顔がダメだったりするのは、その子自身ではなく、上司がダメだということです。**笑顔は伝染します。店長や先輩がその子にどんな笑顔を見せているか、経営者が店長にどういう笑顔を見せているか、ということです。**

◆新人の痛み、困りごとに共感できる？

新人は不安です。それは当然ですよね。緊張から始まって、心が折れそうになっていたり、顔は普通にしていても心では本当は辞めたいと思っていたりと、きっといろいろあります。

そういった新人の痛みや困っていることに、共感できますか？　例えば、職場にどんな人がいるのか、先輩や仲間はどうなのか、同じ学校のアルバイトや先輩はいるのか、作業は何をしたらいいのか、といったふうに不安要素は尽きません。そういった気持ちに共感することが大切です。自分が新人だったときのことを忘れないようにすることが大切です。

今サービス業では、採用しようとしても人が来ない、新人はすぐに辞めていく、辞めていく理由もわからない、スタッフもロボットみたいで、何を考えているのかわからない、使いものにならないという状況をよく聞きます。

片や、他の飲食のチェーン店では、食べに来た高校生の女の子が、お店の接客が良かったことを理由に、「アルバイトをしたい」と言ってくる。そんな状況もあるのです。こういう子だと続きますし、そういうお店は共感ができている、ということです。

こういうお店では新人は笑顔になりますし、その笑顔を見て新しい新人が入ってくるようになります。**ここだったら笑顔になれるかもしれない、と思うと、人は集まってくるのです。**

まず「ここなら大丈夫」と思ってもらうことがとても大事です。まずそう思ってもらってから、新人スタッフでも初日からできる行動を伝えてあげるのです。

私のクライアントのお店でも、全然声が出せない子がいました。初めてのアルバイトで恥ずかしくて「いらっしゃいませ」が言えません。そこに「ほめ育」を導入したところ、自分の改善点がわかっていた彼女は変わろうとして大きな声で「いらっしゃいませ！」と言ったのです。周りは驚きましたが、同時に彼女の成長に感動し、「君もできるじゃないか！」と活気が出てスパイラルアップが生まれました。

また、アルバイトがお客様と初めて対面する緊張感なども、教育する側は覚えていないと思います。しかし、ドキドキやぎこちなさなど絶対に緊張するはずです。会計時にレジ前に行列ができたときの焦り、釣り銭を間違えたときの恐怖もそうです。電話対応でも「ありがとうございます」がちゃんと言えるかなど、新人の不安は限りありません。

店長や教育側も、新人時代の痛みをすべて覚えておくことは不可能ですから、新人が何に悩んでいるのか、具体的なシーンを意識して考え、共感する必要があります。これは、対新人だけでなく、人とのコミュニケーションでも、人の痛みに触れようとしないと何もうまくいかない気がします。人間は「喉元過ぎれば熱さ忘れる」生き物ですし、「変化に弱くて慣れに強い」動物です。慣れれば平気なことでも、新人にとってはすごい変化なのです。

アルバイトに限らず、社員であっても、**新人時代はとても緊張するのです。そこに触れようとしないと、人は動きません。**痛みを知りましょう、ということです。上にいけばいくほど、忘れてはいけないことなのです。

◆初日から売上に貢献してもらう

この本は売上アップの本です。しかも、この本を読んでくださっている方々は、お店を展開、運営されている日銭商売の方が多いと思います。ですから、新人にも初日から活躍してもらう、売上に貢献してもらうのです。

どうでしょう、あなたは、「?」となってしまいましたか?

新人にも初日から戦力になってもらう必要がありますし、教え方や見方を変えて、今の子たちが素晴らしい能力を持っていることを信じてほしいのです。もっと今日の売上、今日の客単価、今日の客数に執着して動いてください。私のクライアントは実際にそこに執着して、呼び込みや接客をします。すると、やはり売上は上がるのです。

売上とは、お客様からの「ありがとう」の数と質です。最大限の歓迎の気持ちで「いらっしゃいませ」を言ったり、素直に「はい!」と言ったり、笑顔で「ありがとうございます」と言うことが、再来店につながるのです。そのためにも**リーダーが「新人も初日から売上アップに貢献できる」と信じ、その方向に向けて動いていきましょう。**

2 超簡単、できる作業を新人スタッフに選んでもらって任せよう

◆入って3日以内のスタッフでもできる、作業一覧を作ろう

一番いいのは、入って1週間から1カ月ぐらいの先輩スタッフに、「入って3日以内のスタッフでもできる作業一覧」を作ってもらうことです。例えば洗い場の作業であったり、仕込みの簡単な作業だったり、アパレルであれば服をたたむことや裏の掃除など、いわゆる「作業」といわれるものです。アルバイト初日の子でもできる業務を書き出しましょう。

書き出してもらうパターンは2種類。スタッフに探してもらうパターンと、店長ができるだけ社歴が若いスタッフに聞いてみる、いなければ自分で書き出して、他のスタッフに確認するパターンです。重要なのは書き出してみて、果たしてそれができるかどうかを考えることで、自分がハードルの高いことを言っていなかったかどうかを検証できます。

実際に、新人が過去に辞めていったのは、新人にとっては作業のハードルが高いことを言いすぎていたか、数が多すぎたことが原因だったことが多いのです。

「あ、僕には無理だ」とか、「この人、きちんと考えて教えているのかな?」とか、「計画性がないな〜」とか、「『笑顔をつくれ』って言うけど、まずあなたが笑顔じゃないし……」などと、愛想を尽かして辞めていくのです。彼らはここまで明確に言葉にできなくても、そういったことを感じて辞めていきます。

よほど意思があり、どうしてもやりたい仕事であれば別ですが、おそらくそこまではないはずですから。そこで全く食い違ってしまっている、詰め込みで行ってしまって、最初の辞める理由になってしまっているのです。

そうならないために作業一覧を作り、**できる、できないを見極め、「できることの一覧」を作っておくことが非常に大事です。**新人が辞めるのがあとを絶たない一因は、ここにもあります。これは、どの職業（飲食、美容、アパレルなど）でも、できることです。

私のクライアントでも、どこかで「新人は掃除でもやらせておけ」といった短絡的で計画性のない考え方をしているところもあります。できる子はいいのですが、できない子をどうするのか。全員を戦力にしないといけないのに、そこを考えていないお店もあるのですね。「何となく」で成り立ってしまっているのです。

アメリカでは、やることを明確にして契約をしてスタートします。ですから、スタッフはみんな何をやったらいいのか、何が評価されるのか、上に行くためには何をすればいいかがわかっているのです。それをお互いがコミットし合うので、やる気があれば上へ、なければ下のままで、みんなが基準を基にコミュニケーションを取り合っています。そこに感情があまり入らずお金のためとシンプルでわかりやすいのです。

◆選んで行動したプロセスをほめよう

入店初日のアルバイトでもできる作業一覧を作り、その中で何ができるかを考えてもらい、選んでもらいます。そうすることで、自ら選んで自ら行動することができます。

「あれやって、これやって」では、言うほうも疲れます。用意した50項目の中から5つを選んでもらい、今日は何をやるのか、飲食であれば休憩室の整理や食材の仕込み、アパレルであれば新商品を段ボールから出してたたむことなど、自分で選んで自分で行動したことへの自信を持ってもらい、自主的な行動を促すことで、指示するほうも楽になります。

これにより、新人のための作業が何かが見えるようになります。中にはその作業一覧表をコピーして持って帰ろうとする新人スタッフもいます。できた作業をどんどん自分で消し込みをするのです。新人は、何をしたらいいかがわからないから嫌なのです。人間は先が見えないのが一番怖いものです、だから先を見させてあげると、質問する項目も出てきますし、「どうやったらできるんですか?」という質問を、新人はできるようになります。

これも、どの職業（飲食、美容、アパレルなど）でも、できることです。選んで行動してみたこと、その結果も大事ですが、プロセスが重要です。結果はいきなり出ないので期待せず、選んで行動したことをほめてあげる。「ここをこうしたらもっとうまくいくよ」と言ってあげるのです。コピーして持ち帰ってもらい、自分でやりたいことを言ってきてもらう。新人が動いて変化したことをほめてあげましょう。

変化したらほめられることを伝えることで、変化しようとするようになります。どんな小さな作業でも、新人はそれが合っているのかどうか、ドキドキしながら行動するので、そこをほめてあげるのです。

◆完結できる作業を任せるのがコツ

リーダーは「何でも質問してきてね」と言います。これは優しい言葉のように聞こえますが、質問する側もされる側も、だんだんとうっとうしくなってしまいます。「何でも」といっても、10も20も聞いてこられたら嫌でしょうし、質問するほうも嫌だと思うのです。

例えば、初日は5時間ぐらいのシフトだとしたら、その新人スタッフを15分ぐらいは目を離しても大丈夫な、その子だけで完結できる作業を任せてあげます。そこに逃げさせてあげられるような、安全地帯を作業一覧に入れておきます。洗い場であれば、10種類のお皿と3種類のコップがあるとして、それをどう洗って、どのタオルで拭いて、おのおのを食器棚のどこに入れるかを教えておけば、30分間ぐらいは何も教えなくても任せておくことができます。

新人も少しは一人でやらせてもらいたいものです。ずっと付きっきりでは両方が疲れます。**30分間は一人でやらせてもらい、行動すればほめられるような、完結できる作業を見つけ、任せてあげるのがコツです。**

今はコミュニケーションが苦手な子が多いので、人と話をしなくてよい時間をつくってあげることで、教えるほうも休憩になり、お互いのためになります。

繰り返しになりますが、人間は変化に弱いので、行動できれば悩みは消えていきます。「全力で走る人間には不安は追いつけない」という言葉がありますが、悩みの定義は「とらわれ」なのです。

新人も変化を継続していたら、最初の不安や悩みが消えていきます。だから行動させるのです。そのためには、やはり作業一覧を作って、次々と行動させてあげることが大事です。悩む暇がないぐらい行動させるのです。そのバランスは難しいので、新人に選ばせてあげることが大事なのです。今の子たちは共感脳なので、行動したプロセスをほめてあげて、次の行動を促してあげます。

◆正しい教育とは、行動可能な具体的行動目標

果たして人が正しい教育なんて語れるのか、という疑問があります。ただ商売の上で正しい教育がある、売上の上がる行動が正しい教育だとすれば、それは「自分で考えなさい」ではなく、上司やリーダーが教えてあげることです。

誰でも自分のフルネームを漢字で書けますが、これは自分で考えたりネットで調べたりして書けるようになったのではありませんよね。親兄弟から教えてもらったはずです。

新人スタッフに対して、商売上の正しい教育を、彼らができる行動レベルで伝えてあげ

るのです。ハードルの高い行動ではなく、行動可能な、彼らが「これならできそう」と思うことを言ってあげることが大事です。**正しい教育とは、売上の上がる行動の中で、彼らができそうなことを言ってあげることなのです。**

これが今は疎かになっているのではないかと感じます。マニュアルはあるでしょう。しかし、それは売上につながっていますか？　すべての人に、売上アップにつながる能力があると思っています。しかも、その中にはその人しか持っていない売上アップにつながる武器があるはずです。だからこそ、売上につながる正しい教育が必要なのです。

今のマニュアルが売上につながっていないとは言いませんが、新人の行動可能なキャパシティ内で、売上につながる行動に落とし込めているかどうかといえば、それは疑問です。新人の行動可能なキャパシティは狭いのです。いってみれば、おちょこ一杯程度です。おちょこにバケツ一杯の水を流し込まれても、受け止められません。おちょこ一杯の水の中に、意味のあるもの、しかも売上につながることを教えてあげないといけません。それが正しい教育です。

行動目標も、まずは完結できる作業、その後にお客様が入店されたときに大きな声で「いらっしゃいませ」と声を出すことや、アイ・コンタクトと笑顔、飲食店であれば、下げ物の順番や洗い場の置き場所など、そういったものになります。今は全体的に、新人を売上アップの焦点で見ることができていないと思います。しかし実際は新人が売り場に立つこともあるでしょう。大きな会社では新人研修もできるでしょうが、すべてのお店ができるとは限りません。

私のクライアントである、大阪市にあるカフェ、パスクッチさんでは、新規ＯＰＥＮ研修で、プラスの焦点、リーダーに「ほめ育」の考え方をお伝えすることにより、繁盛店に一直線に進むスタッフを育てようとしています。

新人は、何をしたらいいのか？　優先順位が高い順番に教えてあげることにより、自信がついてくるスピードが格段に早くなります。初めが肝心です。「ほめ育」の思いが詰まった新人スタッフが働くお店は、順調に売上が上がります。最初にプラスに指南してあげる効果は、絶大です。

3 新人スタッフにできる作業を書き出してもらって、任せよう

◆自主的に行動できそうなことを書き出してもらう

また新人の自主性も促したいところ。そして自分で企画したことは行動しやすいので、そういった考え方も使いたいところです。しかし何でもかんでもやられると、未熟なので間違った行動をして無法地帯になってしまいます。

そこで、新人にできそうな行動を選んでもらうこととは別に、「この中にあるもの以外で、あなたは何ができるか考えてみて?」と考えて書き出してもらいましょう。洗い場をスムーズに回すため、掃除を効率的にするため、お客様に気持ちのいい挨拶をするために心がけていること、といった、それまでよりレベルを上げるために考えてもらうのです。

例えば、「お店に貢献できることを自分で考えてみて」では、質問が大きすぎます。ですから「洗い場をスムーズに回すために、自分でできることを考えてみて」にすることで考えが絞られ、かつ目的が明確になります。お店側は洗い場をスムーズに回したい、しかし

新人はそんなに能力が高くないため、最初はたいして期待はしません。ただ少しずつ早くなってもらうために、自分で考えたことを実践してもらうのです。

「KGI＝ゴール」はお店側が設定してあげて、「KPI＝行動」は自分たちで書き出してもらう、その訓練です。

言葉は優しいのですが、内容は厳しいのです。できていないことの中で、「昨日よりもレベルを上げることを自分で考えてみて」と言われるわけです。ですが、小さな変化は必ずありますので、それを待ってあげることも、小さな成長を見逃さず、ほめてあげることもリーダーの役目なのです。

その日はダメでも待ってあげる。「明日、がんばろうな」と2日、3日待ってあげてもいいと思います。**スタッフの能力を信じ、「この中で考えて」「この中で何ができる？」という感じで、スタッフの能力を引き出していくのです。**

「行動の枠」は、何度も伝えてきた通り、「お客様の喜びにつながる行動」です。ベストの行動はあるとは思いますが、新人の行動の中で、変化や新しい行動を起こさせたいのです。新人は間違って当たり前なので、何か行動を取ろうと思った感情や、意思をほめてあげてください。それは奇跡に値するすごいことであることを忘れないでください。

BAD

自分がお客さまに
なったつもりで！
お店に貢献
できることを
考えてみて！
？

GOOD

洗い場をスムーズに回すために、自分で考えてみて

◆KGIを示し、KPIを考えさせる

日本は「KGI」と「KPI」がごっそり抜けている国です。経営理念の浸透が大切であるとよく聞きますが、社訓などは考え方で従業員に降りていき、いきなり行動目標になってしまいます。経営理念と社訓の間に、「KGI」と「KPI」が必要なのです。それがないと、仕事ができる人間は行動できても、未熟な人間は、何をしていいのかフリーズしてしまいます。彼らは未熟だし商売勘もないので、自分で考えてやってみたはいいが否定される。教えてもらおうとしても「自分で考えろ」と言われてしまう。そんな悪循環が起こっているケースが今でもとても多いのです。

ゴールはリーダーが示してあげて、その行動は一緒に考えます。厳しいゴールもあるかもしれませんが、日本の人材育成の主流になっていくと思います。

◆真似と質問は、行動と成長の証！

「ほめ育」を導入した企業でよく聞くのですが、ほめられると自分の欠点を受け入れるこ

とができて、その上、他人のいいところが見えてきて、それを真似しようとするそうです。なぜ真似しようとするかというと、店長がその行動をほめているからです。自分もほめられたいから真似しようとするわけです。

行動がハチャメチャだったり、好き嫌いがあったりすると、組織はうまく売上アップにつなげられなくなります。ですからお店の売上アップにつながる行動をほめるという基準は変えずに、みんなでいい行動は真似し合う文化をつくりたいのです。いいなと思って真似した変化をほめてあげます。そうすることで、倍々で成長していきます。自分が真似すると同時に、自分の行動もまた、真似されるという好循環が起こります。

お店のスタッフのやることは、毎日さほど変わりません。同じ時間に来て同じように準備をして、同じメンバーと朝礼をして……という流れです。ですから少し焦点を変えることで仕事が楽しく、飽きなくなります。お客様にもその変化を届けられます。

そして、新人からの質問には、必ず耳を傾けてください。「これ、どういうことですか？教えてください」と質問が来たら、「きちんと見ているんだな」「質問をするということは、今知ろうとしているんだな」と思って、質問をしてきたこと自体をほめてあげましょう。そういう小さな変化を見逃さないでください。

4 面接から始まっている「期待」の共有

◆ほめる採用は、ほめるところ探しから

ご存じですか？　実は、面接からチームづくりは始まっています。新人が初日から戦力になるわけですから、当然、それは面接から始まっているのが道理です。初日には笑顔や挨拶ぐらいしか新人はできません。

初日の笑顔をつくろうと思ったら、面接のときにどういう終わらせ方をしているか、どういうことを共有しているか、すでに仲間として扱ったり、宿題を出していたり、そういうことをしているかということです。

本当なら、現在働いているアルバイトたちが主催して、地域の人員不足のお店のリーダーを集めて逆面談をするほうが、今の需要と供給のバランスでは合っているのではないでしょうか。

今は、そのぐらい人が足りない状況です。本当は五分五分なのです。アメリカではお互

いに面接をし、決めるのもお互いです。どちらか一方ではありません。いってみれば〝お見合い〟のようなものです。

現在、私は「ほめる採用」と称して実行していますが、そこから「ほめるところ探し」をしないといけないのです。辞めさせている場合ではないし、人員を確保しなければいけない、今までとは違う時代です。

人口はどんどん減っている状況ですから、立地もいいし、メニューも商品もいいのにシフトが埋まらない、人がいないからお店を閉めざるを得ないところはたくさんあります。ですから面接にまで来てくれたことは、ありがたいことなのです。

◆期待されることの喜びを伝える

面接官はアルバイトに対して、ぜひ来てほしいことをきちんと伝えないといけません。面接に来ている時点で「ここで働きたい」という思いを持ってわざわざ来てくれているのです。ですから**「○○さん、本当に期待しているよ」と伝えてあげ、その喜びを双方で共有するのです。**

多くの人たちは、今まで、「期待しているよ」と言われてきていないと思うのです。多くの新人は、これまでボロカスに言われることがあったり、逆に何も言われなかったりしてきているのではないでしょうか。

だからこそ、いいところを見つけ「いいね」と言ってあげる。「お店の○○で貢献できると思うから、一緒にやっていこう、期待しているね」と言うことで、とても印象に残ると思うのです。「安心感もあるし、雰囲気もいい上に期待された」と、感激してもらえると思うのです。

この**「期待」という言葉を、この本ではとても大事にしています。やはり「基準」や「期待」といったものを言葉にする、見える化することは、これからの時代にとても重要なことなのです。**

「期待」を信頼関係のツールや証にしていきましょう。上司は期待していることを部下にきちんと伝え、部下はその期待をどうやって上回っていくか、そこに双方の信頼関係ができれば、素晴らしいことではないでしょうか。

例えば家が近いことや、一緒に飲みに行く回数が多いことも信頼関係をつくる条件になるとは思いますが、昨日のテレビドラマや野球の話などでコミュニケーションを取るのではなく、上司は部下に期待していること、部下はそれをどうやって上回るかで、コミュニケーションを取るのです。それが仕事だと私は思います。

ですが、新人ができないことを期待してはいけません。「行動の枠」の話にもつながってきますが、できない期待ではなく、達成可能か、計数可能か、そこをきちんと見据えて期待しましょう。

達成可能とは、あくまでも背伸びをすれば何とか届くような期待です。計数可能とは、例えば100のうち70まではできていることがわかるような期待のことです。

もし数字に表わすことが難しければ、それを継続してやるべきかどうか、客観的に見て合格点だといえるかどうか、その辺りがわかる期待にしておきましょう。75点でもOKかNGかは、お店や人によって、その評価は変わってくるので、計数可能なものにしなければいけません。

5 スタッフとの話題づくりは、相手に興味を持つところから

◆信頼関係がなければ言葉は響かない

新人スタッフの名前はもちろんですが、出身地、誕生日、所属していた部活動など、新しい仲間を知ろうとすることが一番大切です。そういった会話が苦手なリーダーもいると思いますが、新人にはこちら側から話しかけてあげないと、ぽつんと一人になり、居づらくなって辞めてしまいます。どうやって伝えるかというと、知ろうとすることを言葉を惜しまず伝えること、興味を持っていることを伝えることです。まずはそこからです。

例えば、新人には共通の話題づくりが一番ホッとします。私の場合も、洗い場時代に店長が元証券マンだったことで、かなりホッとしました。何かあったらこの人に聞こう、ついていこうと思いました。ですから、共通点をつくることはとても大事です。タバコを吸う仲なら、共通の話題で話をしたほうが息抜きにもなります。タバコそのものも共通の話題になります。

その共通の話題の数を増やしていくのです。**共通の内容も、深いものよりも浅いことのほうが多いでしょう。ともかく会話の数を増やしていくのです。**

この先、新人スタッフと共に仕事をしていく上で、共通の話題がなく、コミュニケーションが取れていない人に言われても、言葉は響きません。信頼関係を結ぶのが先です。

これは「ほめ育」の定義でもありますが、新人に対して、お店全体で「ほめ育」をしていることを伝える必要はなくても、今の育成のコンセプトは伝えないといけません。マネジャーや人事部長が新人スタッフに、「君しか持っていない、うちへの貢献やお客様の喜びにつながる武器を、実際に持っているよ」と伝えないといけません。

◆新人だからこそ目につくポイントが必ずある

新人は、お客様に一番近い存在です。ですからお客様目線で、お店の汚れや匂いなどの、新人だからこそ気づく意見を聞きましょう。これは、お店にとってのチャンスです。私も飲食業のクライアントには、お客様目線で言うことにしています。スタッフはずっとそこで働いているので、案外気づかなくなっているものです。

私のラーメン屋時代もそうでしたが、ラーメン屋は匂いが強烈なので、ダクトから出てくるラーメンの匂いで入店するお客様もいるのですが、それはかなり強烈な匂いだったのです。好きな人にはいいのですが、しんどい人もいるわけです。

ですから、新人だからこそ目につく、新人だからこそ能力が高いポイントが必ずあります。そして、それはすべて売上アップにつながるので、最初から言っておくと楽です。「気づいたら何でも言ってね」と伝えておくのです。

私もクライアントにそのように指導しています。**それは新人に迎合したり、モチベーションを上げることが目的ではなく、単に売上アップのためです。売上アップのために新人にも聞こう、ということです。**すべてのコミュニケーションはその日の売上に貢献できることと伝えています。

◆新人は、次の新人の手本である

次の新人が1年後に入ってくるとしたら、その彼や彼女らに対して、今の新人が一番近い先輩になります。ですから、次世代の新人の育成プログラムも一緒に考えていきましょう。「次の新人が入ってきたら、手本になってあげてね」と伝えるのです。実際には、今の新人メンバーに対して、「来年の新人の採用企画を一緒に考えないか?」と呼びかけます。彼らの次の世代の人間を自分の会社にもっと入れるために、知恵を貸してもらうのです。

新人の笑顔を、みんなが待っています。それでお客様が常連になったら、新人にとっても勇気になります。その笑顔を見て、「このお店で働きたい」と思う人も出てきます。次年度の採用にもつながるのです。彼らのためにも、新人の笑顔はホームページに載せていただきたいくらいです。これらはすべてスパイラルアップにつながっていきます。

ここで一つ、スパイラルアップを起こした事例をご紹介しましょう。

岡山市内にある回転寿司店が、「ほめ育」導入後に目を見張る結果が出て、NHK岡山支局の番組『もぎたて』で、4月15日に特集されたのです。

それは、新人スタッフの勇人くんに対してのほめ育でした。店長の片岡さんは、以前いたお店で失敗をしていました。スタッフの短所ばかりをつつき、辞めていくスタッフがあとを絶たなかったのです。そのせいで人手不足になり、お店にお客様が来店してもお待たせしてしまうケースが多かったそうです。

片岡店長が悩んでいたときに、「ほめ育」と出合い、お互いができる「ほめ育」の仕組みを導入しました。**何でもかんでもほめるのではなく、タイミングや意図を持ってほめ、指導することを心がけました。**新人の勇人くんに対しては、まずできているところをほめました。

「片付けが早くなった」「メモを取りながら聞く姿勢が素晴らしい」「メニューを覚えてきたね」と、細かな成長をほめていきました。自然に笑顔になる店長と新人。信頼関係ができてきたら、いよいよ指導です。「今日は、お客様とアイ・コンタクトをしてみようか」。具体的に、クリア可能な行動目標を与えていきました。

アイ・コンタクトは、お店の重点課題ですし、お店の雰囲気を良くするために全スタッフが取り組んでいます。新人も、お客様からすれば一人のスタッフですから、アイ・コンタクトを目標に行動してもらったのです。最初は恥ずかしがる勇人くん。でも徐々に顔を上げ、お客様とアイ・コンタクトができるようになりました。

片岡店長は、「自分が育ってきた環境とは違い、今の子に合った指導方法を探していました。『ほめ育』と出合い、繁盛店にする道が見えてきたようです。新人も売上貢献してもらわないと困るし、その力はありますからね」と。昨年対比１２０％で推移中のお店の加速剤に、新人スタッフの勇人くんも貢献しています。

第3章

新人スタッフ入店2週間後、最大のほめ時！

1 まだ目を離さない。居場所ができているか、再確認

◆信頼と過信は真逆、ナメてくる時期に要注意

1週間から2週間も経てば、新人の作業にも慣れてきて、周りの人とも慣れ、友達ができたりもします。**残念ですが、慣れてくると同時にナメてくる時期でもあります。**緊張が解けてきて、今まではお店に来る時間も30分前に余裕を持って来て、着替えて準備万端にしていたのが、お店にギリギリに駆け込んでくるようになる新人もいます。

信頼と過信は真逆です。信頼はしているのだけれども、作業が当たり前になってくる時期でもあるので、2週間前はできていたのに今はなぜできないのかなど、躾をしないといけません。スタッフを信頼することは大事ですが、過信はリーダーとしてダメなことです。

例えば、お金を持っているお年寄りが万引をすることがありますが、あれは出来心だったりします。人間には誰しも出来心はあるものです。アルバイトがレジのお金を盗ってしまうこともあります。もちろん盗ったほうが間違いなく悪いのですが、盗られた店長もナ

メられていたり、見ていないと思われていたり、過信してしまったりしているのです。出来心や悪魔のささやきが人間には絶対にあります。ですから2週間ぐらい経って、みんなとワイワイと緊張感のない笑顔が出てきたり、ハメを外すようなときは要注意です。

これは子育てと同じで「ダメなものはダメ」と言って、いい意味で緊張感を持たせないといけません。レジの件は極端な例かもしれませんが、遅刻や入店時間がギリギリになるようなことは、よくあることです。ユニフォームをきちんと鏡で確認して働き始めていた子が、バンダナをしながらお店に入ってくるようになったら、それは気の緩みであることがわかると思います。

「それぐらい、いいだろう」という意識や、先輩の悪いところを真似したりするのも同じです。しかし、初日だったら同じような先輩を見ても真似はしなかったはずです。それが、2週間経ってするようになるということは、人間の弱い部分でもあるのです。先輩の悪いところを見られる余裕も出てきたということです。

人間は「変化に弱く、慣れに強い」生き物なので、慣れてきていい面とデメリットを想定内にしておかないと無法地帯になってしまいます。そんな無法地帯にならないために、しっかり定義や方向性を示さないといけません。

◆居場所づくりには時間が必要

本当の居場所づくりは2週間でできるとは思えません。信頼と過信もそうですが、どういう居場所をつくるのかが大事です。

店長の悪口を言ったり、先輩に迎合して店長に怒られる存在という居場所をつくっても意味がないですし、そこは前向きに店舗力が上がる、自分が成長する、お客様の喜びにつながる居場所をつくってあげないといけません。それはやはり、リーダーがリードしてあげましょう。

ただ、店内にそういう文化ができているとは限りませんので、時間は必要です。リーダーのがんばりどころ、見極めどころです。この時期に辞めるスタッフも多いのです。いいスタッフでも辞める時期です。居場所をつくらなかったり、無法地帯になっていたり、店長の志が低かったり、先輩やお局さんが店長より偉そうにして、自分のシフトを守るためにいろいろと言ってくることも、実際にあるからです。

特に、お局パートさんがお店を仕切っているところが現実には多いのです。年下の店長の場合は、そのパートさんのことを使いづらいだけでなく、仕事もできる人だったりするので気を使ってしまいます。口でも勝てないので、タジタジなのです。彼女たちは次の仕事を考えていないので、今の仕事で居場所をつくろうとします。

しかし、そのことと繁盛店づくり、お店の方向性が合っていない場合があります。一言で居場所づくりといっても、継続させることや辞めさせないことがゴールではなく、最終目的は「繁盛店」です。だから「基準」が大切です。

一から店舗をつくり直すのではなく、基準に合っていればほめるし、合っていなければ違うと普通に言うのです。これは通らないといけない道です。

お局パートさんは、必ずお店に一人はいます。お局パートさんは、バッチリはまれば、影響力がすごいので素晴らしい戦力になります。逆に総スカンを食らえば、辞められてしまいます。ですから彼女たちをプラスに変えることが重要です。

パートさんに嫌われる店長は失格なのです。好かれるかどうかもまた別なのですが、一つ言えるのは、50歳ぐらいの人は家庭でほめられることが少ない傾向にあります。ですから、成長を実感できたり、頼りにされたりしても、若い人たちと一緒に働く中で、彼らと比べてほめられることがなくなっていくのです。

それが彼女たちは嫌なのです。ずっとお店を守ってきた彼女たちの自尊心も大事にしてあげないといけません。

◆居場所ができているかどうかを確認しよう

居場所ができているかどうかは、新人の行動と笑顔を見ればわかります。店長が、居場所ができているとわかるのは、まずは動きです。きちんとラインに入れているか、スポーツで言うなら、仲間からきちんとボールが回ってきて、チームの中でプレイできているかどうかです。

仕事をお願いされたり「ありがとう」と言われたり、明らかに頼りにされているか、ついていけているかを見れば、居場所ができたかどうかわかります。

居場所づくりも繁盛店づくりと同様に、何をすればいいのか、新人スタッフをほめる基準がありますから、それを実践してもらい、居場所をつくってもらいたいということです。そして周囲はその行動を取ったらOKだよ、という居場所をつくってあげるのです。昨日のテレビドラマの話や新しいゲームの話などで居場所ができても、それは居場所とは認めません。

笑顔は、いきいきと働いている笑顔かどうかを見てあげましょう。内輪ネタでニヤニヤしているのではなく、お客様から「ありがとう」と言われたり、お客様に積極的に話しかけていたりするときの笑顔です。

そういう笑顔は少し恥ずかしそうな感じの人もいれば、顔が赤くなったり、とびっきりの笑顔になる人もいるでしょう。

これらは本人に、「最近、居場所ができた?」と聞くのではありません。彼や彼女らの後ろ姿を実際に見てもらいたいのです。初日、3日、1週間から2週間で、その新人が継続するかがほとんど決まります。そこで辞めてしまうのか、次のステージに行けるかどうかが決まるのです。

◆頭ではなく、体にしみこませよう

最初に教えた簡単作業ができているかどうか、その作業がもう考えなくてもできるようになっているかどうかを見ましょう。

アパレルなら、服をたたんだり掃除をしたり、飲食であれば洗い場だったり補充だったり。大切なのは、「1way2Job」ができているかどうかです。

行き帰りにたくさんの仕事をする。一つ行動して、また次の行動では効率が悪いのです。流れるように作業ができれば、一つ一つの作業は手が遅くても仕事は終わっていきます。それは体にしみこませないといけません。そして、しみこんだと判断できたら、もちろんほめてあげてください。

ただアルバイトに関しては、シフトに入る回数が人によってまちまちです。体にしみこんでいないと判断したときは、成長は行動した数と比例するので、とにかく回数をこなしてもらいましょう。

向こうは店長に比べれば、仕事に対する優先順位は低いので、前に言われたことも忘れていますし、成長も店長ほどは考えてはいないので、ほめる基準を入店2週間以内の新人スタッフに見せてあげ、こちらの期待していることを伝えておけば、優先順位は上がっていきます。

2 小さな成長を共有し、ほめる!

◆人は1日1ミリは必ず成長している

入店から2週間以内の新人へは、特に言葉を惜しまず、小さな成長を伝えてあげましょう。彼らはガラスのハートですし、そこまで志も高くありません。正論を言う人よりも、ほめてくれた人についていきます。

しかも言葉はあとに残ります。例えば叱られたときに、「あぁ、そうだな」と、そのときは納得しても、結果的にその人から遠のいていくことがあるとすれば、それはその人ではなく、その言葉から遠のいていくのです。ということは逆に、ほめた言葉には近づいていきます。だから効果があるのです。

特に、この時期で離職率が決まってしまいます。かかった採用募集費もペイできない、未戦力賃金（それまでに払った給料）も無駄になる、教えた側の労力も無駄になる、教えた側のモチベーションも下がります。

さらに次からは教える側も「どうせ辞めるだろう」と思ってしまい、そんな態度で新人を扱ったとしたら、それは悪循環です。

ですから、辞められたら労力だけが奪われます。

2週間という期間は、慣れてきて「ここは無理」と思うところが見えてくる時期でもあり、我慢の限界にもなる時期です。例えば、面接のときから「無理かも」と思いながらも入ってきて、何とかがんばっていたのに、ギリギリのときに呼び出されてダメ出しをされたら、そこで限界を迎えてしまいます。

リーダーは教えることに迷いが生じることもあるかもしれませんが、前述した通り、教えるほうも、教えるという経験を学んでいるので、「全員が共に成長」という考え方を思い出してください。入ってきた側も教える側も、みんなが共に成長を実感することが出会った意味だと考えましょう。

新人が入店2週間ほどである程度慣れてくるのと同じように、教える側も初日から3日ほどは新人に対して丁寧に接していたのに、2週間も経つとなあなあになってくることがよくあります。

本人に自覚はなくても、だんだんと口調がきつくなっていたり、現場が忙しいと、ついつい態度が少し乱暴になってしまうこともあります。

どちらが上、下ではなく、「このお店に来て、この人と出会って本当に成長できた」と、それを継続して実感できないと、面白くありませんし、進化していきません。みんながそういうマインドにならないと、繁盛店にはなりません。目的は、今いる従業員全員と売上を上げることですから。

◆言葉を惜しまず、小さな成長でもほめる

伝わらなければ自分は存在していないのと同じです、言葉を惜しんでいる場合ではありません。一言でいい、一行のメールで構いません。慣れてくると余計に言葉を惜しみがちになってしまうので、要注意です。お互いに慣れてきたときに、あえて意識して言葉を惜しまずに、ほめましょう。

「素晴らしいね!」「よくやった!」「拍手!」というふうに、仰々しくほめなくても構いません。

「ありがとう!」「よくやったね」「ほう」「やるやん」「新しいね、それ」などと、ボソボ

ソッとでもいいので、表現してあげてください。
うわべや無理やりほめるのではなく、ほめるほうにも本当にほめたことを積み重ねてもらいたいのです。極端なことをほめるのではなく、小さくてもお店の売上が上がる行動を見つけてほしいのです。

リーダーは、見つける能力も磨かないといけません。自分が本当には思っていない「ほめ」を積み重ねてしまうと、売上の上がる行動は見つからなくなります。売上の上がる行動を見つけるためには、良いことは良いと言わないといけないですが、ダメなものもダメと言わないといけないのです。

まず見つける能力を磨きましょう。あとは小さい声でもいいので、言ってあげることが大切です。

ほめたほうも「ほめたぞ」と、ほめられたほうも「ほめられた」と思えないと、モチベーションではなく、テンションアップで終わってしまいます。それはこの本の目的ではありません。売上アップにつながる行動を見つけるには、かなり集中して、意識を高くしないといけません。

これが売上アップにつながる行動だと伝えるときには、責任と覚悟を持って、行動を見

つけるアンテナを張っておいてください。でなければ見えてきません。

リーダーは、常にアンテナを張ることを習慣にしていきましょう。そのためには、ずっと見ていないといけないし、そこが苦手な人もいるかもしれませんが、目的は売上アップなので、続けるうちに楽しくなってくるはずです。

私のクライアントである、兵庫県姫路市のテニススクール、ノアインドアステージさんでは、常に現場スタッフにアンテナを張り、意見を聞く文化が、すでにできている企業です。「ほめ育研修」の導入後、今までにまして、現場からの提案が増えました。学生アルバイトからの提案には、提案してくるプロセスをほめたのです。そうすることで、それまで提案してくることがなかったアルバイトが、提案してくるようになりました。その内容は、店長が思いつかない内容！　そして、またそれをほめるのです。そんなスパイラルアップが日々起こっています。

3 期待していることをお互いに共有する

◆期待していること、期待されていることで、信頼関係をつくろう

入ったばかりの新人と、２週間程度の新人では、期待する内容が変わります。入ったばかりの新人には、お店の環境に慣れることや、簡単な作業、スタッフ同士のコミュニケーションぐらいです。

入店２週間ほどのスタッフへの期待は、戦力にするための期待なので、それを伝えてあげます。辞められても困りますし、戦力にならないのも困ります。

ですから、最初に何を話すかはとても大事です。２週間ぐらいの慣れてきたスタッフに対して、期待していることを具体的に伝え、方向性を合わせておきましょう。ですが、実は「期待」という言葉自体が、すでに甘くありません。

「期待しているよ」＝「そこまでやってよ」ということです。背伸びをして届くような、その背伸びも普通の背伸びではなく、思い切り背伸びしたら届くぐらいの高さですから、必

然的に厳しい言葉になります。

毎日努力をしないと届かないような高さかもしれません。

私は、この「期待しているところ」を共有することを、とても大切にしています。例えば、クライアントと契約をする場合は、クライアントが私に期待していることを必ず聞きます。基本的にそれをクリアしようとします。ですから上司と部下の関係も、部下が上司に「僕に何を期待していますか?」と聞いて、それを超えようとします。

ビジネスでも同じです。お互いがビジネスでコミュニケーションを取る上で、期待していることを聞くことは大切です。そしてお互いの期待を超えるような自主的な行動をすると、信頼関係がどんどん良くなっていきます。

お互いが期待することを言ってくれたほうが楽なのです。アメリカでは「ＫＧＩ」で上司が部下に、期待していることを言います。期待を超えるために何ができるか、その行動も目標もアドバイスし、お互いが「来月はこれでいこう」と合意をして、それについてお互いが期待を超えるような行動をすれば、当然売上も上がるし、規定通りの給料も払われますし、次の段階に上がる可能性も出てきます。

そのほうが早いのです。その部分で共通言語にしたいと、私は考えています。

◆方向性を合わせるのは、上司の役割

新人にとって、自分はどちらの方向に成長すればいいのか、ということです。人は必ず1日1ミリの成長をしているにもかかわらず、「Aくんは成長している」「Bくんは成長していない」などという現象がなぜ起こるのか。それは、Aくんは成長している方向が上司の思っている方向に合っていて、Bくんは全く違う方向に伸びているからです。それは成長していないのではなく、方向が間違っているのです。

ただ、現実ではそううまくいかない、という声があり、それは理解できます。しかし、そこで「目的は何？」と確認してください。方向性を合わせるのは、上司の役割です。経営者には経営理念やクレドカードや事業計画とかがあるように、店長もお店の方向性は表現していかないといけません。

そして、「ほめる」というと甘いイメージがありますから、**「期待している」という言葉で、今まで背伸びをしたことがない人間に背伸びをさせるのです。**それは価値を引き出す、もっともっと高いところに届くことを伝えることです。それが「期待する＝価値を引き出すことにつながっている」ということです。

4 お客様と接する機会を設け、つながっている行動をほめよう

◆お客様の課題を解決、希望を叶える

新人スタッフが入店から2週間経つと、誰が働いているのか、自分に何ができるのか、今後はどういう仕事が待っているのかなどが少しわかってくる頃合いです。こういう時期にお客様と接する機会を設けてあげて、お客様の喜びにつながっている行動を促し、それができたらほめてあげましょう。

やはり最初が肝心です。最初に方向性の間違った教育をしてしまうと、あとで修正が利きにくくなります。ですから、すべての客商売のゴールデンルールは「お客様の課題を解決、希望を叶える」ものであることを教えます。飲食店であればお腹が空いている人が来る、喉が乾いている人が来る、もっとおいしいものを食べたいという人がやって来ます。美容室であれば髪をさっぱりしたい人、綺麗に、可愛くしたい人がいて、その解決を求めて来店するわけです。

ですから、このことをここで学んでもらうために、最初の指南が大切です。何のために働くのか、ということです。これは2週間だから早いとか遅いではなく、気づく人は初日でも気づきますし、小学生でも気づいている人はいます。逆に70歳になっても気づかない人は気づきません。早い、遅いはありません。むしろ、繁盛店になるための目的と方向性のために、2週間以内にきっちり伝えてあげましょう。

◆何のために働くのか？　3人の石工への問いかけ

ピーター・ドラッガーの『マネジメント』に出てくるお話です。ある国に3人の石切り職人がいて、作業をしているところに、ある男の人が通りかかり、それぞれに同じ質問をします。「あなたは何をしているのですか？」と。

1人目の石工は、「これで生計を立てているのさ」と答えます。

2人目の石工は、「街で一番の石切り職人を目指して、腕を磨いている」と答えます。

3人目の石工は、その目を輝かせ、空を見上げながら、「大寺院を造っているのさ」と答えます。

BAD

しっかりやれば、もっと時給は上がるぞ！

GOOD

お客さまの幸せのために働らこう！
それは必ず大きな幸せとなって僕らに帰ってくる！

何のために働くのか？　そのことを的確に問いかけているお話ではないでしょうか。働く理由が経済的な理由だけなのか、自分の技術を磨くためなのか、自分の仕事を通じて新しい価値を生み出すのか。それによって自分自身が成長することが、仕事の醍醐味だということが、伝わってくるお話です。

「何のために働くのか」、それを入店2週間のアルバイトに聞いてみてください。彼らは「お金のためじゃないんですか？」と答えるかもしれませんが、それを肯定した上で、目的意識を高めてあげてください。お客様の笑顔をつくるためや、悩みを解決するために私たちが存在すること、お客様の喜びが自分の喜びであることを伝えてあげましょう。

これは、飲食店で皿洗いをするときも、美容室で掃除をするときでも、同じだと思います。

自分の働く姿勢や、自分の仕事がたくさんの人の幸せにつながっていると思って一生懸命働くのと、ため息をつきながら働くのとでは、自分の人生が違ってくるでしょう。

人間は、意識や焦点でかなり変わります。私は個人的に、この石切り職人の話に出合ってから人生が変わりましたし、自分の感情が乱れるときは、焦点が間違っていると捉えて修正できるようになりました。入店2週間では、まだ焦点や意識の安定飛行は難しいと思いますが、意識の成功体験を一つでも持たせてあげることは、とても大事だと思います。お客様と接する機会を設けて、お客様の喜びや幸せにつながっていることを教えてください。実際、フードコートの300円ぐらいのうどん屋さんでも、お客様の幸せにつながる行動はできますし、洗い場からでも、どうやってお客様の喜びにつながるかを考えることもできます。

入店2週間の真っさらなときに、方向性を示してあげるイメージです。「南ではなく北ですよ」と教えてあげるイメージです。この話を聞いて、嫌になって辞める人がいても、それはそれでいいと思います。むしろそのほうがいい場合もあります。また、2週間で気づかせないといけないわけではなく、頭の片隅に入れてあげることが大事なのです。

◆お客様に選ばれるお店にするには、個々の魅力アップ

お客様から選ばれているお店が、いかにすごいお店なのか。繁盛店になるには、個々の魅力が必要になってきます。お客様は人につくので、一人一人の力や魅力を上げていくのです。もともとみんな魅力があるわけですから、それを引き出してあげるのがマネジメン

トの大事なところなのではないでしょうか。

お客様からすれば、5人働いている中で4人が明るくても、一人だけ暗い子がいたら戸惑ってしまいます。私自身もお店に食べに行って、一人だけものすごく暗い人がいたりするとガッカリしてしまいます。裏でどんな責められ方をしているのか、心配になります。

個々の魅力を上げてあげるためには「ほめる基準」が必要です。**スタッフの輝きがお店の輝きになりますし、みんなが輝いていかないと、お店のワット数も多くはなりません。**お客様に選ばれたり、選ばれ続けていることは、本当は奇跡に近いこと。そういうお店をつくることは、大変なことなのです。

どうせ働くのであれば、お金のためだけではなく、繁盛店づくりのためや、お客様の喜びのため、限られた時間を思い切り働き、志高くいてもらいたいのです。それが個々の輝きにもつながります。

これはリーダー向けの本です。スタッフに「志高く働こう」と言えば、自分自身もそうせざるを得なくなります。「3人の石工」の話にしても、そういった要素を含めています。

そして、すべては客商売なので、お客様の幸せにつながっていること、お客様の課題を解決していること、希望を叶えることにつながっている、その焦点を合わせていくのが、この章です。ここをきちんと押さえておかないと、次へはいけません。

◆事実をほめてあげ、価値を認めさせてあげよう

ほめられたことのない子たちがほとんどです。ですから、実際にお客様に伝わった事実をほめてあげることです。

例えば、笑顔が良くなった。笑顔が全くできない子もいるのです。「笑顔をしてごらん」と言ってもできない。しかしずっと言い続けていたら、ピクッと頬が動くわけです。そこをほめてあげるのです。そのままお客様のところへ行かせると、引きつったまま行くわけです。しかし、その小さな変化を認めてあげることで変わっていきます。

他にも、「いらっしゃいませ」がどうしても言えない子もいます。洗い場をしながら「ありがとうございました」と言うのですが、声が小さいのです。しかし、彼らも出そうとはするのです。みんなから比べると声が小さくても、いつもよりも明らかに大きい。その伸び率はすごいものがあるから、みんなでそれをほめてあげる。それで自信をつけて、もう一度チャレンジさせる。すると、それはもう〝祭り〟です。

実際に〝祭り〟になっているお店をご紹介しましょう。紹介するのは、福井県のガソリンスタンドで、高校生のときから働いている川崎康史くん。社員になって1年間で、著しく成長しました。それまでは、やる気が持続しない、自主的に行動できていないスタッフだった川崎くん。もともとは素晴らしい能力があるのに、もったいないと経営する藤井商店の副社長である藤井信太郎さんは常に言っていたそうです。

ところが、ある日から彼のやる気はぐんぐん上がり、今では自主的にお店や会社へのプラスの提案が多くなり、見違える成長をしています。副社長の藤井さんは、何をしたら成長につながるのか？　お店に貢献できるのか？を具体的に明確に、「ほめる基準」を作りました。何をすれば自分は成長できるのか？が明確になったことにより成長が加速したのです。

川崎くんが言うには、「目標が見える喜びはとても新鮮で、やる気につながりました。具体的には、危険物取扱責任者という資格を取ることを、会社が後押ししてくれたことです。この資格を取ると、ガソリンスタンドの社員としての業務の数、質が上がり、いろいろな人に貢献できるようになります」と。

2回試験に落ちていた川崎くんは、少しくさっていましたが、資格取得を含めた、ほめる基準を作り、どのように成長してほしいのか、会社が提示したのです。

そして、1週間に一度の面談でしっかり成長を実感させ、自信をつけさせたのです。また、一人で資格の勉強をするのが苦手だった川崎くんに対して、会社は外部の勉強合宿に行かせることにしたのも大きかったそうです。会社がこれだけ期待してくれていることを意気に感じたのです。会社はもともと集中すれば力を発揮していた性格を見抜き、期待したのです。今では、ほめる基準を基に、どんどん成長が加速して、新人ナンバーワンの成長といわれる社員になりました。

本当に小さな成長やその事実、変化をしようとした、がんばろうと自分が一歩踏み出したことをほめてあげるのです。やればできる、ということを本人に認めさせ、自分を信じていない、私なんてできないと思っている人を勇気づけるのです。価値のある人間として。その証拠は彼自身がやった行動です。できなかったことができるようになった、声が出るようになった、その気持ちと変化と行動をほめてあげるのです。

事実をほめてあげましょう。事実を見つける店長も、たくさんすることがあるので、ほめたくても何をほめたらいいのかがわからないこともあるでしょう。だから、最初に「この12項目ね」といった行動レシピを見せて、その中から選んでがんばってもらい、店長も

その中から見つけていくのです。それはお客様の喜びにつながる行動であり、みんながで
きることです。その中で、事実をほめてあげましょう。

◆「ほめ育」のノウハウをいしずえにする

何度も言いますが、「言わなくてもわかる」や、「自分で考えなさい」という教え方は、やめてください。経営者を育てるのはそれでいいと思います。しかし現場のスタッフを育てるときに、果たしてそれはどうなのでしょうか。

上司と部下の人間関係がいいところは、それでも伝わっているかもしれません。しかし、普通はお互いに感情を持った人間なので、どうしても合わなかったり、苦手意識があったり、人間関係がいろいろとあると思うのです。それでもやっていかないといけないのですし、お客様には関係のないことですから、人の部分ではなく、行動はほめてあげるようにします。

また、ほめられる行動をするような人間教育をすると、動かしてあげることで仲が良くなったり、元に戻ったり、何かが生まれたりします。コミュニケーションは会話の数や会

う回数も大事ですから、行動をいしずえにすると、そういう可能性が高くなってきます。

そして、いしずえにする行動も売上アップにつながる行動にしておけば、即効性があります。**リーダーは落ち込んでいる場合ではないですし、部下と小競り合いをしている場合でもないのです。そのパワーはすべてお客様の笑顔のために使わないといけません。**この「ほめ育」のノウハウがあることで、感情に任せた運営をせずに、「行動」でみんなが一つになります。すると、お客様にはそれが伝わります。それが繁盛店への道です。いいときと悪いときがあるのは繁盛店ではありません。常に80点以上を叩き出すのが繁盛店です。

例えばとてもサービスも味も良い店があって、気に入ったから1週間後に再来店したら、同じメンバー、同じ料理なのに雰囲気が悪い。実は前日に店長と副店長が大喧嘩をした、アルバイト同士でもめごとがあった、といった話はどこにでもあります。

お客様にとっては、期待して再来店した分、ガッカリですよね。だったらドアのところに札を貼っておいてもらいたいと思いませんか?

「今日はスタッフがやる気がないのです」「店長と副店長がもめています」「アルバイト同士でいろいろありまして……」などと書いておいてくれれば、こちらの期待度は下がりますし、そもそも、その日は行かなくなりますよね。

何を言いたいかというと、お客様は期待していたよりも、実際のサービスが上回るから、また来ようと思うのです。「3回固定10回信者」の法則がありますが、2回目から3回目に行くとき、9回目から10回目に行くときは、かなりハードルが上がります。そのときに感動が上回るから、常連や固定客になるのです。

常に80点以上の組織をつくっていかないと、繁盛店どころか、スタッフのいいときと悪いときが激しかったり、気分によってムラがありすぎたりして、お客様も逃げていきます。ですから、**リーダーもスタッフも、お互いに行動をいしずえにするのです。**

また、店長になりたくない人が今は増えてきています。責任が増える、残業が多い、手当はつかない、休みの日も電話がかかってくる、シフトが埋まらないと出勤しないといけない、「店長なのに」というフレーズがつく。これらをデメリットとして挙げてきます。

ということは、人間力や志を高く持っている人間が少なくなってきているのではないかと考えられます。そういう人がもし店長になってしまうと、店長自身が感情をコントロールができないわけですから、アルバイトに対しても教育が難しくなります。だからこそ、「行動」をお互いのいしずえにして、売上アップを目指していかないといけないのです。

挨拶の声が大きい、お皿を下げるときに、お客様の目を見てビールのおかわりを聞くなど、こちらから見ていて、スタッフがお客様に言っているのがわかりますから、それを「それ！」と言ってあげる。「すごいね、素晴らしい」と、ほめてあげます。その行動が本当に売上につながるかどうかが問題で、何でもかんでもやれと言われてもお互いしんどいのです。そこで必要なのが、「基準」なのです。

◆お客様の喜びにつながる行動とは？を考えさせる

新人の簡単な作業を実践して、それからはお客様が何をしたら喜んでくれるのか、自分のアイデアを出してもらいましょう。ゼロからではなく、車で言うと2速くらいまではこちらがリードして、3速目からは自分で考えてもらったり、アレンジしてもらいましょう。「入店の挨拶をがんばっているけど、重い荷物をお客様が持ってきたらどうする？」「ドアを開けてあげます」「そうそう、それそれ」といった会話もできるかと思います。「子どもが泣いていたらどうする？」「ここにおもちゃがあるから持って行ってあげます」「そうそう、そういうこと」というふうにです。ラーメン店でも、子ども用の器を出すのですが、「あそこ、足りないな」「もっと大きい器のほうがいいですね」「もう一つ持って行ってあげよう」などと、お客様の喜びにつながる行動を考えるのです。土台をつくって、「お客様がこうやったら喜んでくれる」ということがある程度わかれば、次に行きやすいのです。たいしたアイデアではないかもしれませんが、そういったアイデアは、入店2週間でも出ます。

私もラーメン店の皿洗いに転職したとき、すごく張り切っていました。洗い場でしたが、タバコを忘れたお客様のために、真冬にダッシュで買いに行っていました。そういうのは入社1年目ではできないのです。ですから最初に考えさせることで勢いがつくのです。質問で人生も行動も変わるので、良い質問をしてあげること。

「今日できなかったことは何だ?」ではなく「お客様の喜びにつながる行動でアイデアを出してくれない?」「○○くん、もう笑顔ができていていいと思うから、自分なりにアイデアを出してきて」といったように。

この時期は、何をやったらほめてくれるのか、新しい考え方をインストールする時期です。アルバイトの経験が2回目、3回目の子もいると思いますが、しっかり「何のために働くのか」を考えること、「志高く」とか、「どういう行動がお客様に喜ばれるのか」などの、正しい教育は受けてきていないはずです。だから正しい教育をしてあげないといけないのです。

私のクライアントである、フードコートのうどん屋では、新人にも「お客様が喜ぶ行動」を考えてもらって行動したところ、お客様だった高校2年生の女の子が、「私もここで働きたいです」とやって来ました。それはやはり、接客が良かったからです。そして、その女の子のご両親も見に来たりするわけです。

自分から働きたいとやって来てくれたわけですから、初めからとても一生懸命働いてくれますし、売上につながる行動を自らやってくれます。

◆他のスタッフの良いところを真似しよう

前述しましたが、「ほめること」の最大の効果の一つに、人はほめられると自分の欠点を受け入れることができ、他のスタッフの良いところを真似しようとする習性があると私は考えています。人間はどこかで自分の欠点がわかっていて、それを見えないふりをしているのです。

他のスタッフの良いところ、がんばっているところを見て、自分の視野が広がるということです。「ほめる基準」の枠の中で真似をし合うのです。何でもかんでも自由だと、無免許で高速道路を走るようなものですし、かといってガチガチに固くして言われると、スタッフも窮屈に感じてしまいます。

「ほめる基準」の中で他のスタッフの良いところを真似すると、真似されたほうはもちろん嬉しいですし、さらにがんばろうと思います。

チームの良いところは、おのおのの短所を消してくれるところです。どんどん良いところを真似し合うと、相乗効果が生まれてきます。

また、店長とアルバイトでは年が離れていたりしますから、当然、世代間や話題も違います。下手をすれば親子ぐらい違っていたりします。ですから店長が歩み寄っても、どうしても縮められない距離があると思います。

しかし、良いところを真似する文化がつくれたら、年長の店長が伝えたいことを、若年のスタッフが行動で示し、歳の近い子がそれを理解するようなチームが生まれるのです。

店長に言われたことはよくわからなくても、自分と年の近い子がやっている、同僚ができているなら自分もできるように思えたり、焦ったりするようになります。

第4章

新人スタッフの「行動」完璧マスター編

1 遅刻をしない

◆時間、約束を守る

まずは登竜門です。

ほめることももちろん大事ですが、叱ることや躾に関しても、「ほめ育」が広まれば広まるほど、これらの基準に対する責任が出てくると考えています。ただあまりにも高いハードルを設定しても仕方がないので、まずは遅刻をしない、時間を守る、約束を守ることを伝えましょう。

どれだけがんばっているスタッフであっても、遅刻は絶対にダメです。時間は一番大事なので、守ることを徹底させましょう。

約束ももちろん守らないといけません。ほめることもこれまでの環境にはなかったし、同時に、正しい教育の中に良いこととダメなことをきちんと教えられてきていない時代、世代なのではないでしょうか。

約束を守ること。

これはまずシフトを守ることです。時間を守ることにもつながりますが、提出物の期限を守ることも、約束を守ることでしょう。

まずは時間、約束を守ること。具体的には「遅刻をしない」ということです。これが、躾の最優先事項です。これをお店で教育しないといけない時代に突入しました。基本のことですが、それを言わないといけない時代なのです。

ただ、これを守れていないのは、実は店長だったりします。

「ほめる基準」を作るためには店長が学ばないといけないですし、言った以上はやらないといけません。スタッフを見ていくためには、自分もできていないといけないわけですから、結局お店の売上を上げるためには、店長の人間力、店長力を上げていくことが必要です。

人間力を上げるためには、教えることによって教えられているのです。

	評価基準　下記の項目が「適切にできる」、「理解し説明できる」が合格基準	達成○
	内容通り、適切にできているか？	
	ゴミの分別・始末など自ら進んで、またみんなと協力して実践する。	
	ドライブウェイサービスの基本が指導できる	
	入金伝票を抜けなく記入。入金・出金伝票・領収書のなくさず、POSに適切に収納。入金（領収）時の調整額は上位者から見て適切か？	
	小切手と手形の意味・違いをちゃんと説明できるか？　「銀行渡り」を抜けなく実施しているか？	
	適切な印紙を貼る。印紙税軽減の但し書を正しく書ける。割印の位置・仕上りは会計処理に不都合ないようにできているか？	
	レンタカーマニュアルに記載されている事項を抜けなくできる。PCでの帳票入力・印刷ができる。POSでの売上・精算ができる。	
	免許取得	
	免許取得	
	定期的な配達先への知識（場所・担当者・連絡先）を把握している。電話注文からの適切な受注（情報の抜けなし）ができる。ガス欠時のエア抜き（灯・軽油）ができる。伝票の作成が抜けなくできる。POS（ローリーカード等の処理）と売上が適切にできる。	
	武生中央：№5425ローリー、ハイゼット搭載コンプレッサー、リフト付きハッチの操作ができる。　役場前：灯油ローリーの操作ができる。	
	乗用車・ライトバン・軽トラックのオイル交換が一人でできる。必要に応じて取説・車検証で確認し適切なオイルを選択提案できる。	
	乗用車・ライトバン・軽トラックのエレメント交換が一人でできる。必要に応じて車検証とカタログで確認し、適切なエレメントを選択できる。	
	スターターを使っての始動。車から車へのジャンプ始動、配線手順の理解、ケーブルの太さについての知識を持つ。	
	手が届く（入れられる）範囲の電球交換。それ以上の複雑なランプ交換の基礎的な知識・構造の理解・交換方法の理解。	

サービスステーションの若手スタッフ達成目標・達成基準（例）

大項目	中項目	小項目	内容
心構え	社会人としての基本的な生活態度	規則正しい生活で、体調管理、健康維持ができる	遅刻しない。早出遅番を責任感を持って遂行する
			自らの分はもちろん、お客様の飲食・喫煙後の始末を適切に行う
	周囲を牽引する率先力	周りの見本となるよう率先して行動する	朝礼・昼礼・終礼・会議で積極的に発言を行う
			周囲のスタッフ（上位者・アルバイト）の仕事の状況を把握して、自分が何をすればいいかを考えて行動する。判断ができないときは躊躇せず上位者と相談し行動する。
			フィールド・ピット内の状況を把握し、誰が何をしているか？　自らが行うべき仕事の優先順位を決めて行動できる
			アルバイトを指導できるようになる
	独り立ちするための精神的な安定感	繁忙期・トラブル発生時に冷静に対応できる	忙しくても人や物に当たらず、落ち着いて対応できる心の安定感がある
	独り立ちするための責任感	お店の運営に対する責任感	例：アルバイトのミスは社員としてお客様に対応し謝罪する
		会社の経営方針に対する責任感	例：困っているお客様のために、閉店時間を少し遅らすなど臨機応変な対応
接客対応力	商談能力の基礎	お客様の悩み、望みを聞き出す	日常会話から、お客様のニーズ（「困った」「○○してほしい」）を聞き出す。
			聞き出したニーズについて自らもしくは必要に応じて上位者から適切な提案ができるよう、お客様の話をしっかりと受け止める
		商談するための基礎的な知識	具体的な項目：タイヤ・レンタカー・車検・車販・消防設備
	事故・トラブル対応力	事故対応力	被害に合ったお客様への対応
			二次災害を防ぐ現場の処置
			上司への報告・連絡・相談
		トラブル対応力	怒っている・不満を持っているお客様への適切な話の聴き方・話し方
			迷惑をかけたお客様への適切な謝罪の仕方
			不当なクレームなどへの毅然とした対処
			上位者への報告・連絡・相談
	店頭での接客対応	業務対応	入金処理・出金処理の適切な対応
			小切手・手形の適切な取り扱い方
			領収書発行の方法・印紙の取り扱い
			レンタカーの受け付け・精算・送迎
			車検受け付け
技術力	基礎的な技術	必須の資格取得	マニュアル車運転免許
			危険物乙種４類
		緊急配達対応	小口のガソリン・軽油・灯油配達対応
			SSの車両の運転と、付属の機器類の操作ができる
		タイヤトラブル対応	出張時でもタイヤ脱着作業ができる
			出張時でもパンク修理ができる
		基礎的な軽整備作業	オイル交換
			オイルエレメント交換
			ATFチェンジャーによるATF・CVTF交換
			バッテリー交換
			バッテリージャンプ
			ワイパー交換
			ランプ交換
		商品選定能力	車検証の確認で適切な商品を選定・必要に応じ仕入れ先への発注ができる
	店舗管理	基礎的な管理業務	SSの開店準備
			POSの日計精算（釣り銭機を含む）
			POSの閉店処理
			SSの閉店（車両機器の収納・備品の収納）準備
			閉店業務（セコムセット・施錠・最終確認）

2 入退店の挨拶

◆お客様は入退店の印象で評価の65%を決める

これはヤン・カールソンの『真実の瞬間』という本にもありますが、お客様が入店してから退店するまでに、さまざまなシチュエーションがあります。すべて大事なことなのですが、その中で、「入店時と退店時の印象で、お店の評価の65%が決まってしまう」という統計データが出ているのです。もちろん、飲食店であれば味や季節感であったり、いわゆる基本価値は別で、あくまで付加価値部分での話です。

結局のところ、第一印象と最終印象が大切なのです。創業者と、それ以外の何が決定的に違うかというと、結局はここなのです。創業者は身銭を切って、借金もして、人も雇って給料を渡して、トレーニングもして、お店をオープンさせます。実際にお客様が来るかどうかもわからず、不安です。そんな中で最初に来てくれたお客様に対する「いらっしゃいませ」は格別なはずです。

その「いらっしゃいませ」を、創業者と同じようにスタッフがずっと行えば、お店は流行るのです。創業魂などと言いますが、抱きつくような入店の挨拶をするかなのです。だんだんとそれが当たり前になってきて、スタッフも忙しくなることが本来は嬉しいはずなのに、忙しくなればなるほどキレル店長も現れたりするのです。

極端な例ですが、私の研修で、ある企業の入店の挨拶、退店の挨拶だけをしたことがありました。一年間、それしかやらないのです。もちろん人間ですから飽きますので、ワークや覆面調査などでアレンジはしました。飽きさせないようにはしましたが、「結局は入退店の挨拶で決まる」というところは変えず、その企業は売上が上がりました。

働いている側は、挨拶ばかりで飽きてくるのです。しかし、お客様にとっては、初めての来店かもしれません。それを忘れてはいけないのです。ですから、挨拶だけをやるのです。**誰にでもできることを、誰にでもできないぐらい継続するしかないのです。**成功者も繁盛店づくりも同じです。それを愚直にやり続けるか、飽きてきてしまう心を鍛えるか、己に勝てるかどうかなのです。

また、これは新人でもできることです。難しい作業ではありません。難しい作業や技術は時間も必要ですし、センスもいると思いますが、この本は新人が初日からでも売上貢献できるという内容なのです。彼らはできることが数少ないですから、お客様が入られたときに挨拶をするというのは、新人が一番できることなのです。フレッシュですから。お客様も新鮮な気持ちになります。

◆笑声、アイ・コンタクト、すぐ案内、挨拶の意味

私は「10センチの魂」と呼んでいますが、ドアが開いた10センチの隙間に、「いらっしゃいませ」を飛び出させます。ガラッと開いた瞬間に言わないと遅いのです。笑声だけではなくアイ・コンタクトもして、すぐに案内できるように状況を把握する、そのシミュレーションをしておかないと、賑わっているだけのお店になってしまいかねません。いかにお店を回すかは、案内人（エントランス係）の腕一つです。売上の10％は変わってきます。

笑声（笑顔の伝わる声）という言葉を聞いたことがないスタッフもいると思うので、そういうことを教えるだけでも意味があると思います。

「歓迎の気持ちが伝わる行動って何ができるかな？」と言ってあげると、目標を書きやすいのです。「挨拶を大事にしなさい」だけではダメです。

3 アイ・コンタクト2秒

◆お客様が入店されてから、退店されるまで

入店から退店までの合計2秒で構いません。しかも自分だけではなく、そのテーブルを担当するスタッフ全員で足して2秒で構わないのです。2秒を超えることで、お客様の脳の中でプラスのエラーが起き、強い印象が残ります。お客様はそんなに目を見られたこともないですし、お店のスタッフから目を見てもらえると、感じが良いのです。また、お店が明るくなるのも事実です。

大阪の難波にあるアンスリーというコンビニは、24時間営業ではないにもかかわらず、1日3000人のお客様が来られます。そんな忙しいところでは「あれもこれも」と盛り込むことは無理なので、アイ・コンタクト2秒と、フェイスアップ（陳列商品の顔を前に向ける）だけを徹底しました。これならできます。

そのコンビニでは、アイ・コンタクトのチャンスが一人のお客様が入店から退店するま

での間に10回ありました。そのうち3回でいいからアイ・コンタクトを心がけてもらいました。すると無理なくできるのです。

「これならできる」というところに落とし込んであげないと、みんながやるようになりません。

結果、このコンビニでフェイスアップとアイ・コンタクトを徹底しただけで、お店が明るくなったのです。フェイスアップで整理整頓になりますし、アイ・コンタクトを取ろうと顔を上げることで、お店が明るくなりました。

一生懸命仕事をしようとすると下を向くことが増え、お店が暗くなります。ですから、それを意識して上げましょう、ということです。

逆に残念な例を挙げると、百貨店の地下にある総菜売場に、お昼前の11時半ぐらいに行くと、ピークが始まる前なので、どこのお店も皆さん殺伐としておられます。「いらっしゃいませ」と言いながらも手は準備をされていて、全く目を合わせてくれないのです。

忙しいお客にとって、よっぽどお気に入りのお店がある人以外は、お弁当は何でもいいのです。そんなときに、10メートル先にあるお店のスタッフと目が合って、相手が笑顔だったらどうでしょう？　きっとそのお店に行ってしまいませんか？　そういうお店は、きっと売上も良いはずです。

人は作業を一生懸命やればやるほど、下を向いてしまいます。一生懸命やるのはいいのですが、下を向いていては、お客様の動きを見ることはできません。

次に、兵庫県の武庫之荘駅にある「おんどり庵」という焼き鳥屋さんでの研修で、アイ・コンタクトが重要であることを伝えました。すると一人の店長が、その日の朝礼でスタッフに伝えました。店長は期待をしていなかったのですが、実際に常連のお客様から「こんなに目を見てもらったことなかったわ、素晴らしい、良かった」と言ってもらえたのです。

常連さんが今までも来ていたのに、こんなに目を見てもらえたことがなかったのです。そのアルバイトは新人だったので、作業の出来はまだまだでしたが、目を見ようと意識してやってくれたのです。お客様から早速その感想をいただけたので、「こんなにすぐに効果が出るのですか?」と、驚かれていました。

このように、事実としてお客様からの声を聞くと、これは売上アップにやるべきことなんだとわかります。すぐに結果の出るアイ・コンタクトは、ぜひ取り入れていただきたいのです。

4 0・2秒の返事

◆損得を考えない

返事をするのに0・2秒を超えると、人間は損得を考えてしまいます。何かを頼まれたときに、新人が返事を「えっ……」と躊躇するのは〝ナシ〟でしょ、ということです。0・2秒の返事をお互いができるような人間関係と、新人はまずは返事の爽やかさとスピードが、お店の雰囲気を良くすると考えています。しかし、それがお店に慣れてくると、徐々に忘れていってしまうのです。

「0・2秒の返事」が、入店2週間の間に、特に大事であることを教えましょう。返事が仕事みたいなものだと思ってもらうのです。

「素直なスタッフがほしい」と言われる店長がよくおられますが、では「素直とは何なのか」を聞くと、答えられない方が多いのです。Aくんは素直でBくんは素直ではないことを言うときに、違いが言えないわけです。

これは、やはり受け入れて行動できるかどうかの違い、ではないでしょうか。返事にもつながりますが、頼んだことを「はい」と答えて行動することを、店長は素直だと感じるのでしょう。

店長はスタッフに対して指示を出します。それは別にその子をいじめようとしたり、お店の繁盛に反する行動を取らせようとしたりするわけではないはずです。

ですから、スタッフはまず行動しないといけません。「自分」中心ではなく「お店のため」「お客様のため」が主語でないといけません。「はい!」という0・2秒の返事が、チームに活気を生み出すのです。

入店2週間ぐらいまでのスタッフは、技術的にはほとんどお店に貢献できませんが、気持ちの部分や、笑顔や返事や声出しなどでは、チームに貢献できるのです。

この表は、行動実践内容一覧表より今回の取り組み、重点項目を抜粋してチェックリストにしたものです。以下の行動が、売上に直結していることを意識して、しっかり実践してください。

担当：

店名：　　　　　　　　店　期間：7月8日～7月14日

※5点満点で記載してください。

	月	火	水	木	金	土	日	週合計点
								0
								0
								0
								0
								0
								0
								0
								0
								0
								0
								0
								0

新人スタッフの行動目標チェックリスト（例）

行動目標項目（週目）	【1】：全然できなかった　【2】：あまりできなかった 【4】：まあまあできた　【5】：完全にできた
カテゴリー	項目
1. 10センチの魂	①お客様が入店されるとき、ドアを開けてから3秒以内に「いらっしゃいませ」を言う
お客様が入店・退店されるときの挨拶の行動目標	②お客様が退店されるとき、ドアが閉まる10センチに飛び込む「ありがとうございました」を言う
	③目を見て、明るく大きな声で笑顔で挨拶をする
	④お客様の名前を呼んで「いらっしゃいませ」、または「ありがとうございました」を言う
2. 忘れられない工夫	①お客様とプラスの会話をする
個を大切にする行動・言動目標	②一人一人のお客様に合計2秒のアイ・コンタクトを実施
	③前回の会話や購入された商品をしっかりインプットしておいてお話しする
	④お客様のことを一つ以上ほめる
	⑤お客様の名前を入れながら会話をする
3. 重点項目	①コミュニケーション電話をした件数（通常は１日１人３件、催事のときは目標数字を目途）
	②ハウスカード＆年金払いのお勧め
	③お客様がいないときでも、常に動いて商品整理をする

〈特記事項・結果総括〉

店長より１週間を振り返り　特にがんばったスタッフの名前とその行動	
名前：	行動：
名前：	行動：
名前：	行動：
次週への抱負	

5 「心がけていることは?」と質問をする

◆長所進展ではなく、まずは安定を求める

これは魔法の質問です。「君が心がけていることは何?」と聞かれると、できているかどうかではなく、人は自分のベストを答えようとします。例えば、遅刻ばかりするスタッフでも、「遅刻しないために心がけていることは何?」と聞くと、「アラームを何個も用意したり……」と答えます。むしろ、「どうして遅刻するの?」「遅刻しないために明日から何をする?」という聞き方をされると、本人は答えに詰まってしまいます。

店長はこの質問を活用して、スタッフの良いところを見つけてあげましょう。長所進展や短所改善ではなく、安定を求めましょう、ということです。

繁盛店のスタッフの全体のレベルとしては、良いときも悪いときもあるのではなく、高いレベルを維持し続けています。例えば、居酒屋へ行って最初は素晴らしい接客だった、しかし2回目は最悪だった、というようなことはあり得ません。繁盛店とは、この落差がほ

とんどないレベルのお店を指すのです。そのためにも、スタッフに対して、心がけていることを質問するのです。これは新人でも2週間目でも同じです。

心がけていることを聞いて、ほめてあげるのです。入退店の挨拶を聞いて、「それは素晴らしいね、明日の朝礼で発表して」と言うと、ほめられたこと、発表したこと、みんなが真似をすることになったことなど、もう本人は降りることができなくなります。それは嬉しいことですし、その子自身も完璧にはできていないとしても完璧にしていかないといけなくなります。それがお店のレベルをグッと上げていくのです。

「ダメだよ」「できていないよ」という言葉ではなく、「どうしてそれができたのか」「心がけていることは何？」という質問は、とても高度な質問と考えています。道筋をつくってオープンな質問にしているのです。

何でもかんでもほめるのではなく、素晴らしさを認めた上で、1段階上の質問をしてあげるのです。枠をつくって、上に上げてあげるとぶれがないので何をやっても正解ですし、さらに上に向かっていますから、あとは自分のペースで考えたり、行動できたりします。

売上が上がる質問は「第一印象・最終印象」「一対一の関係性（または、忘れられない工夫）」「重点項目」です。この3つが黄金の「ＫＧＩ」、売上の上がるポイントです。

お店の場合、「第一印象・最終印象」で評価の65％が決まります。

そして「一対一の関係性」を求めるビジネスが膨れ上がっている時代です。ＳＮＳなどがその代表例です。現在伸びているＦａｃｅｂｏｏｋは、〝寂しさ解放マーケット〟です。Ｆａｃｅｂｏｏｋなどは顕著で、自分の投稿に「いいね！」がついたり、コメントがつくと嬉しいものです。コメントがつくのが嬉しいから自分もコメントをしたり、「いいね！」をするのです。寂しさを解放し、一対一の関係性をつくっていきたいのです。

そこで大切なのが「忘れられない工夫」。お店の売上が下がるのは、サービスが悪いのではなく、お客様が忘れているだけだったりするのです。記憶に残していただくには、お客様に笑顔を向けることだったり、常連さんの名前を覚え、呼びかけることだったり、いつも注文されるメニューを覚えることだったりと、できることはたくさんあるはずです。

３つ目の「重点項目」は、お店によって内容は異なりますが、「掃除」「新メニュー」「重要商品」などがあります。これらが売上の上がる「ＫＧＩ」です。今は「ＫＧＩ」のないお店が多く、ただ「がんばれ」なのです。「何でもいいからアイデアを出して」ではなく、ポイントを絞ってアイデアを出してもらう、そのための枠を設定し、その中でがんばっている行動と心がけていることを聞けば、ハズレがありません。

第5章

ひと通り作業ができるようになったスタッフには

1 新人スタッフと同じ扱いはしない

◆優越感をガソリンに

人がグッと伸びるのは、やはり後輩ができたときです。ひと通り作業ができることを店長や仲間が認めたら、優れているところを本人に伝えてあげて、もう一番下のスタッフではないという優越感をガソリンにしてあげます。新人と同じ扱いはしません。

私は「成長グラフ」を書いてもらうことが多いのです。例えば、3カ月や1年で期間を設けて、その期間中に成長したことを前提に、どういう成長曲線になったかを書いてもらいます。すると、後輩ができたときに成長が見られることが多いのです。**後輩に教える場面があったり、見本を見せないといけなかったり、質問に答えられないといけなかったり、そういったこともあって、著しい成長が見られます。**

これは、教えることが、教えられることにもなるからです。遅刻もできないし、見本になる挨拶も求められます。要するに、新人に教えることによって、自分が教えられているのです。新しく入店した新人に対して、ある種の優越感をガソリンにする一方で、リスペクトや感謝の心を持って、ご縁があって入って来たわけですから、彼らから学ぶものがあると考えさせるのです。

作業ができるようになると、スタッフは時に調子に乗ってしまいます。調子に乗られてしまうと次のステージへ行けないばかりか、面倒なことにもなってしまいます。優越感をガソリンにしながら、グッと成長してもらいましょう。

しかし、ただ作業ができるだけのスタッフにならないように、お客様の喜びについてもっと考えてもらったり、もっといいお店にするために、効率良くするための動きなどをテーマに知恵を出してもらったり、そういう時間をつくっていきましょう。そのスタッフの存在を頼りにして、共に繁盛店になるための知恵を出してもらうのです。

作業だけができる状態で「仕事ができる」と勘違いしてしまいますが、実はそこがスタートラインです。作業人で終わる人は将来的に期待できません。組み合わせや他からの学びで、知恵に変えていってもらいたいのです。

作業と作業の合間というのが無駄な時間です。ひと通り作業ができるようになっても、まだ作業がぶつ切りの状態のものもあるはずなので、作業をどう組み合わせればよりスムーズになるか、まさに「1way2job」のjobをどんどん増やしていくこと、常に手を止めずボーッとしない、その仕事が終わったら次に何をするかを質問していきます。そのメリットを教えてあげるのです。

◆もうすぐ戦力、背伸びしたら戦力になる

背伸びしても届かないところを期待しても仕方がありません。作業ができるようになった人間は、まだ戦力ではありませんが、もうすぐ一つのラインを任せられる人材にするために、背伸びをしたら届くところを期待してあげます。これは戦力になるための行動チェックリストがあるので、それを見せてあげます。

育成にも一息をついてはいけません。スーッと伸びる子は、初日、3日、2週間、2カ月、戦力、売上と行けるので、どんどん用意してあげないと止まってしまいます。成長を実感できないとモチベーションは継続しません。中には40年ぐらい仕事をしても戦力にならない、向いていない人は存在します。**彼らには道筋をこちらが示し、導いてあげないといけない、準備があることを言わないといけないのです。**

2 任せられる作業が増えたことを具体的にほめよう

◆「信頼している」からと必ず伝える

初めてのこと、作業を覚えることというのは、彼らにとっては相当な努力です。数が増えたことは努力したことでもあり、それをほめることは店長からの「ちゃんと見ているよ」というサインでもあります。本人が確かに成長している事実をほめることもできます。

まずは質ではなく数です。数をほめてあげることで、質に焦点を当てたときの「できていない部分」への感情を動かさなくて済むのです。作業の数を増やし、お互いがそれを認め合おう、ということです。細かいことを言ってあげることは、今の学生アルバイトにはとても効き目があります。

そして、作業の数が増えてきたら、すべてではないにしても、任せることを始めてみます。それは完結できるような作業です。任せることを不安に思うかもしれませんが、信頼しているからこそ任せることを伝えてあげます。こちらの作業をただ振っているのではなく、信頼しているからこそ任せている（信頼していないと任せない）ことを伝えてあげます。これを言わずに任せてはいけません。

例えば、面倒な作業を「任せたからね」の一言で振ってしまうと、自分が嫌だからこちらに振っていると思われます。そうではなく、**作業の重要性を伝え、きちんと方法を伝え、本来は店長や他の人間の作業でも、信頼しているから任せるのだと伝えるのです。**その作業の出来、不出来によって、きっちり仕事ができる人間かできない人間かがわかります。

◆入社3カ月で軌道に乗せてあげる、近い未来を指南する

90日間で人間のモチベーションは終わってしまうといわれているので、3カ月という区切りはいいと思います。ですから同じ行動をするにしても、90日で自分のテーマを変えてったほうが、より成長するでしょう。

人間は、成長を実感しないとモチベーションが続かない動物です。作業ができるようになったら調子に乗ることもありますから、90日ごとに次のステージを見せてあげて、まだまだ先があることを伝えてあげるのです。一般的に作業ができるようになると、「学ぶもの

がもうない」と思いがちなので、先を伝えてあげます。

見せるビジョンは、「少し先」が肝心です。遠すぎたり、現実的でなかったりするとリアリティがなく、モチベーションは上がりません。むしろ下がることもあります。遠すぎるビジョンも、言い続けていたら叶うかもしれませんが、それではモチベーションが続かないので、日々の小さなハードルを積み重ねていくことが大事です。その積み重ねが合っているかどうかは、周りの人間が軌道修正をしてあげないと、本人はわからなくなることがあります。私自身、本、コーチ、メンター、コンサルタントを個人的につけています。

行動の枠に合わせた、成長の方向性を示してあげることが大事です。今の子たちは「安心」や「安定」と言いますが、それは先が見えないことへの不安の表れで、未来を見せてあげればいいのです。少し先を見せてあげて、もしそれが自分の思っている先とは違うなら、離れていくべきだと思います。先は見えない、方向性は間違っているでは、お互いにとって時間の無駄です。

この時期のスタッフに対しては、先のビジョンとして、戦力になってもらうことを期待します。**まだ一本のラインを任せられない、フォローが必要なことを教え、ビジョンと期待を伝えます。スモールステップが大切です。**

3 成長が感じられない箇所は、厳しさを持って「期待」を伝えよう

◆行動可能な期待を超えないのはダメ！ 自分の価値と向き合おう

スタッフの中には、すくすく成長する人と、止まってしまう人がいます。行動可能なことを上司は期待しますが、それを超えてこないスタッフはダメです。決められた行動をする意思がないことはダメなのです。その人にある価値を行動しないことはダメだと言い切ってください。

例えば、どうしても「いらっしゃいませ」が言えない子もいますが、一回も言えないことに対してダメと言うのではなく、できたことにもかかわらず、手を抜いたりしたことに対してダメと言うのです。人間はどうしても楽な方へ行きがちなので、できるにもかかわらず、しないことに対してはダメと言うのです。

期待を伝え、期待に応えてこないことに対してダメだと言います。人間性ではなく、行動しないことに対してダメだと言うのです。

それは、相手にとっては嬉しいことだと思います。ちゃんと見てもらえていることですから。逆に信頼が生まれたり、感謝が生まれたりすることです。教育はコントロールではなく、その人のベストを引き出すことですから、下げ止まりを行いながらベストの点数を上げていくしかありません。そのほうが早いと思います。

ですから、**ベストな自分と比べてどうなのか、過去の自分に負けていないか、スタッフ自身に振り返って考えてもらうのです。**

ほとんどの人が「背伸び」ができます。成長できるにもかかわらず、成長しようとしない、成長の意思がない人は、現場には必要ありません。これをしっかりと伝えます。すべての人は共に成長するための仲間であり、これは世界の理念でもあるのです。世界の理念と経営理念は常につながっていないといけないと、私は考えています。

不要であることを伝えるだけではなく、「君はそうではないよ」ということを伝えます。なぜなら、そこまですでに期待を超えてきて、成長している部分があるからです。すでに自分で背伸びをしようとしている、入社して2カ月ぐらいまでは常に行動して質問をしてきた過去の自分に勝てているかを聞き、ずっと背伸びをし続けないといけないことを伝えるのです。

◆表情をよく観察すると、何が行動を妨げているか感じる

表情をよく見ることで、そのスタッフの悩みやつまずき、それが何なのかを見つけてあげます。**やる気がないか、やり方がわからないかのどちらかです。**

やる気は個人的なものか、周囲の環境なのかがあります。やり方も自分ができるやり方か、そうでないのか、他人のやり方を真似したくないのか、それが自分のモチベーションの問題か、周囲とのコミュニケーションの問題なのかもあります。

意思があっても方法がわからない場合は、方法をきちんと教えないといけません。方法がわかっていても行動しない場合は、意思レベルが低い、ということになります。観察して見極め、伝えないといけません。

◆共に成長、期待すること、期待されることを共有しよう

上司は部下に「○○を期待している」と伝え、部下は期待されていることが何なのかを上司と共有し、つながるのです。

BAD

トイレ掃除
やっといてね
えーーっ

GOOD

トイレ掃除は
実はとても重要な
仕事なんだ。
だから几帳面な
君に任せたい！
わかった

3カ月目ぐらいの部下に対して、上司は「次の戦力」になるために、**作業人から戦力人に変わるための、**お客様満足や満足の一つ上につながる行動を期待します。

例えばラーメン屋で言えば、餃子の焼き場を一人で回せるようになることや、今は何人前のオーダーが通っているか、どこのテーブルのオーダーかなどを知って、お店が回るための戦力になってもらう行動です。

成長の途中で、餃子の焼き間違いがあったり、在庫管理ができないことなどがあるかもしれませんが、それがどの時間帯に入っても在庫確認、発注、オーダーなど、一ラインを任せられるようになってもらうことなどが挙げられます。

適正なシフトの数、人件費のコントロールというものがあり、売上に対してのスタッフの数に対し、プラス1で考えられていたものが、適正な人数でできるようにならないと利益が狂ってきます。

ですから、**適切なシフトの中の人数の一人になれることが戦力人の考え方の一つです。**教育係が必要ではなく、独り立ちできるようになるということです。

4 スタッフが発見したことを共有する場を用意しよう

◆どんどん意見を言ってもらい、共有しよう

行動チェックリストのレベルが上がっていくと、売上にも比例し、繁盛店になります。すると店長も本部やオーナーからほめられ、モチベーションも上がり、「みんなのおかげ」ということになります。結局、繁盛店にならないと、店長は「スタッフのおかげ」とは言えないのです。

ほめて繁盛店をつくらなければ、次からその「ほめ」は意味がなくなってしまいます。どんどん給料が上がるようなことを言ってあげないと、テンションアップでの一過性の人間関係になってしまい、長続きしないのです。

意見の出し合いは改善点を言い始めるとストップします。逆にお互いの良いところを見つけ出すと、加速していきます。スタッフの発見したプラスの内容を共有するのです。

例えば、朝礼など自分が発表する場があり、それに対するフィードバックがあることが、

コミュニケーションです。コミュニケーションにも枠が必要で、話題の映画や家族の話でもいいのですが、それをずっとされたら困ります。

ですからコミュニケーションの共通言語は、「繁盛店になるような行動項目」、行動チェックリストの中で意見交換をしてくれると、コミュニケーションを取れば取るほど売上が上がる仕組みになります。

◆笑顔に人が集まる、現場スタッフの笑顔が一番の宝

お客様が再来店する一番の理由は、スタッフの笑顔です。現場スタッフの笑顔にお客様が集まるのです。

では現場スタッフの笑顔をつくるためにはどうすればいいのでしょうか。シフト10分前まで暗い顔をしていたスタッフが、たった10分間で切り替えられるかというと、それは難しいでしょう。

そのスタッフに最高の笑顔をしてもらえるかどうかは、その子が朝起きた瞬間に「よし！今日はバイトだ、楽しみだ！」と思うか思わないかで決まります。

そういう気持ちに朝一番にさせるためには、前日にどういうふうにそのスタッフを寝かせているかです。理想を言えば、寝る30分前にほめていい気分で寝かせてあげることですが、現実的ではないので、前日に帰るときの声かけが重要になります。

「今日は○○ができるようになったね、ありがとうね」と言ってあげるのです。

朝起きてシフトが入っていないなら、そのことを残念に思わせることが大切です。シフトが入っていないことを残念に思ったら、飲食店なら、そのスタッフは友人や家族と一緒に、お店に食べに来ます。それが一つのバロメーターになります。

繁盛店の指標の一つは、働いているスタッフやその親族が食べに来るかどうか、というところもあります。

笑顔は伝染します。ですから店長自らがスタッフに笑顔を見せてあげないといけませんし、スタッフに笑顔が少ないと思ったら、自分が最近、笑っていないかもしれないと振り返ることが大切です。

5 売上が上がる方法（レシピ）の作業をしてもらおう

◆行動するから、やる気が生まれる

入退店の挨拶、アイ・コンタクト2秒や、一対一の関係性など、継続することでお客様からの感想や言葉がもらえます。そうして生まれた変化を体験してもらいましょう。行動は、感情によって発生します。

では感情を安定させるためにはどうすればいいか、それを考える人は、あまりいません。実は、それは行動から来ます。普通の人は、やる気になったらやります。そのやる気を安定させるために研修に参加したりしますが、これを安定的にするためには、仕組みを理解することが必要です。行動するから人間はやる気が出てくるのです。やればやるほどやる気が出るのです。「習うよりも慣れろ」「まずやってみろ」と言いますが、まずは行動させて自分の感情を確かめてもらい、感情を俯瞰させるのです。

◆行動をほめる、行動に近づくように期待する

人が人をほめるのではなく、人が行動をほめます。行動をいしずえにするのです。知恵を出し合って作った行動レシピをほめ、その行動レシピに近づくように期待するのです。対象は「人」ではなく「行動」です。多くの自己啓発セミナーでも「行動」と言いますが、行動にフォーカスしてコミュニケーションを取ろうとしている本は少ないのです。行動を副産物にしている気がしますが、主産物になり得るのです。人間が実践した行動をほめることで、感情で動かなくなります。行動をほめること、行動こそが価値なのです。その行動は、最初は正しい行動でなくても構いません。動いたことが価値なのです。

感情がたとえ動かなくても、そもそも行動したプロセスを評価してあげましょう。

明らかに動いたほうが楽しいですし、ミッションも見つかります。行動に近づくように期待してあげましょう。自分の感情をそこに入れるのではなく、あくまでも行動に導いてあげるのです。

そのためにも、現場は安全、安心な場所にしましょう。スタッフは安全な組織、チーム、人を求めています。店長やリーダーが、感情のギャップが激しかったりすると、現場は安

全地帯にはなりません。例えば、上司からの電話のあとは、スタッフに八つ当たりする店長などが、実際にいます。

安全地帯がないと、今の子たちは続きません。何を安全地帯にするかというと、私は「行動」を安全地帯にしたいと思うのです。みんなが認める自分にしかできない行動や、それをしているときだけは誰からも何も言われずに済む行動、ミスをしてもその行動に戻って一生懸命にやれば「その行動を継続しようね」と言われる行動など、**それが店の売上や利益アップにつながる行動だったら、店長は何があってもほめないといけません。**

ですから、そういった安全地帯になる行動を見つけてあげて、その行動に逃がしてあげられるように、その行動に関しては他の誰も立ち入れないようなルールにしておいてあげるといいでしょう。ミスをしたとしても「あいつの○○は天下一品だから、今その行動で挽回しようとしているから、みんな応援してあげよう」という具合にです。

その行動が売上アップや利益アップにつながるなら一挙両得です。実際にこれをすることによって、私のお客様でどんどん売上が上がっているところがあります。彼らはみんな楽しいと言っています。繁盛店になると、いろいろな問題が起こったとしても、これで解決できるようになります。たとえコミュニケーションが悪いとか、モチベーションが云々とかと言っていても、すべて売上が解決してくれるのです。

スタッフの作業の安全地帯をつくり、良い結果を生んだお店をご紹介しましょう。

大阪府吹田市にある、お好み焼き店「感激たぬき」のアルバイトスタッフ、神田良美さんは、お客様にドリンクを薦めて店長にほめられたことや、「笑顔がいい」とお客様にほめられたことから、仕事が楽しみになりました。そこが、彼女の安全地帯になったのです。

お客様との会話も自然に増え、いつも来るお客様が、どんなメニューを楽しみにしているのかを自分で考えて、お薦めするようにもなりました。お客様が「彼女がいてくれたら、たこ焼きが焼けるまで15分待つわ！」と言ってくれるまでに。

そんな彼女ですが、店長から「神田さんを採用して良かった！」と言われ、やる気が持続していた矢先に、体調不良で他のスタッフに迷惑をかけ、やる気がダウンしたことがありました。何とか挽回をしようと思い、何ができるのかを考え、行動チェックリストの中に書いてある、「プラス１００円でドリンクを薦める」なら、自分でもできるかもと思いました。

お好み焼きを頼んでくれたお客様に、「プラス１００円でソフトドリンクはいかがですか？」と声をかけ始めます。単価を上げることを目標にしていた店長は、すぐにほめます。

そしてある日、過去最高のソフトドリンクの数を獲得することができたのです。今までの記録は、9時から21時までで37個だったのが、9時から14時までで、55個という記録を出したのです。

他の人と何が違うのか？　それは、お客様に「プラス100円でソフトドリンクはいかがですか?」と声をかけたときに、迷っている顔をしたお客様の視界に入るように、覗き込むように目線を合わせに行ったのです。お客様が「え!?」と驚いた顔をすると、最高の笑顔で待っている神田さん。目線が合ったときに、お客様は、「じゃあ、オレンジジュースをお願いしようかな」となるのです。入社して数カ月のアルバイトでもできる行動を、店長が指し示し、ほめることで、もっと貢献したいと思い、彼女は自分でアレンジをしたのでした。

この会社は、全店で30店舗以上あります。一人のアルバイトの成功事例が全スタッフを巻き込むとどういう金銭的効果につながるのか、想像できるのではないでしょうか。この神田さんだけでなく、他のスタッフも、自主的に、どうやったらもっとお客様が喜んでくれるのかを考え、行動してくれた結果、売上も昨年対比110％を推移、採用募集費用もゼロを実現できている、成長真っ盛りの飲食店です。

第6章

戦力とみなされるようになったスタッフには

1 店の戦力になってくれたことの感謝と期待を伝えよう

◆戦力になることの意味、過去のプロセスをほめ、感謝しよう

一本のラインを任せられるということは、そこまでの努力もありますから、それに対しての「おめでとう」「ありがとう」の気持ちをまず伝えましょう。

戦力化するのは早い人で3カ月ぐらい。中にはもっと早い人もいますが、100時間、90日が目安になります。

店長やリーダーは、そのぐらいの時期は結構ドキドキするのではないでしょうか。今までは「プラス1」の扱いでしたが、このころには自分が役割を果たせないと、誰かに迷惑がかかるようになってきているからです。独特の緊張感があるのです。ですから、そこに対する感謝と、次のステージを伝えてあげましょう。

「あなたは戦力の一人だよ」と、「一本のラインを任せるよ」と伝えることも必要です。

美容室であればアシスタントからジュニアスタイリストであったり、一人のお客様を見

るようになる、誰もが通る道なのですが、お客様からお金をいただいて髪を切るということは、店側も本人も特別な日になると思います（巻末付録参照）。たいていの美容師は、初めてお金をいただいて髪を切らせてもらった人を覚えていると言います。

私自身、初めて自分の作ったラーメンをお客様に出したときのことは、今でも覚えています。結果も大事ですが、結果につながったプロセスも大事なので、しっかりと感謝と期待を伝えましょう。

お店にとっての戦力になる意味とは、お店は戦力になってもらったほうがもちろん嬉しいですし、一人前になったと周りも認めます。戦力と書いていますが、それは一人でお客様の喜びを創れる人のことです。

例えばラーメン店であれば、麺揚げをするときに〝テボ〟という道具を使うのですが、それを家に持って帰って、麺の代わりに雑巾を使って練習しました。それも、麺を見ないでできるようにならないといけません。長時間の練習が必要で、私は最初腱鞘炎になったりもしました。

そういったがんばってきたこと、踏ん張ってきたことを店長は具体的に伝え、スタッフ自身が「できる人間である」という事実を突きつけてあげるのです。戦力になってからも、心が折れたり、戦力にならない日もあったりします。
そういうときに**自信喪失にならないためにも、彼、彼女自身ができる人間である事実を植えつけてあげるのです。**

今の時代、ほんの少しのことで、「自分はダメだ」となる人が多いのです。ですから、それを撥ねのけられるような事実の杭を打ってあげないといけません。「あなたは実際にやったでしょ。結果を出してきたでしょ」というふうにです。

◆戦力＝何を行動したらお客様が喜ぶかがわかる人

戦力とは、お客様の予測を上回ることができる人、何を行動したらお客様が喜ぶかがわかる人です。これができるからお金が発生します。そして、単価が上がったり、客数が上がったりするのです。

客商売なので、お客様の悩みを解決する、希望を叶えるために、何をしたらいいかがわかる人だからこそ、戦力といえるのです。

お店、お客様、仲間が認めたから戦力なのです。その過去のプロセスをみんなが認めたのだから、あなたも自信を持ちなさい、ということです。

上司とお客様の言っていることが同じで、あなたの行動を、上司もお客様もほめてくれたら、すべては一直線になり、自信につながります。上司がほめていても、お客様がほめていなければウソくさいですし、逆であれば上司への不満になります。ですから一気通貫することが重要ですし、それにより、次のステージへ行けるようになります。

戦力になる＝一人前なので、「ほめる基準」のレベルも上がっていきます。ですから期待のレベルも上げていく必要があります。

「ほめる基準」とは書いていますが、本当に成長するためには「何くそパワー」が必要で、それは摩擦なのです。戦力になる前も、少し厳しい期待を伝えてあげたように、今回も同じように少し厳しい期待をかけてあげましょう。それを繰り返すことで、刺激を受け続け、行動し続けます。

2 売上アップの行動レシピを、先頭になって実践してもらおう

◆レベルを高める提案のできる人にする

作業人から戦力になったことで、今度は先頭に立って周囲に見本を見せていかなければいけません。それまでは真似る側だったのが、真似てもらう機会のほうが断然増えます。常にモデリングの対象にされるようになるということです。行動チェックリストに関しても、常に提案してもらいましょう。後輩を見られるようになり、行動チェックリストのレベルを上げていくための提案ができる人になってもらいます。

だからといってお店に評論家は必要ありません。行動をしていないからやる気が出ず、つい評論に走ってしまいます。評論家になってしまうと、感情は安定しなくなります。評論家は、お客様だけで十分です。ですから、お店で作った行動チェックリストにある行動項目を実践してみて、新しいものを見つけるのか、深く考えていくのかを突き詰めます。

行動していく中での失敗は、全然構いません。失敗は行動の産物です。行動したからこ

そ失敗したり、疑問が生まれたりするわけですから、それをほめてあげましょう。とにかく**戦力のための行動項目を徹底的にやって、壁にぶつかったりしたことをほめてあげるのです。**それは、自分が戦力になったことの自覚の表れでもありますから、店長としては喜ぶべきことです。どんどんほめてあげてください。

◆意識を高くすると行動レシピが精査される

常にお客様は同じではありません。新規客が増えたり、常連さんがお友達を連れてきてくれたり、逆に引っ越されるお客様や、転勤されるお客様もいます。そういう変化も見逃さず、そのお客様の変化に合わせて、行動チェックリストの内容も変えていきましょう。転勤などの物理的理由で、1年間で40％は失客しているといわれています。ですから常に新しいお客様の集客や、紹介を得ないといけません。

本当に意識を高めていくと、行動チェックリストの項目内容が見えてきます。絶対にある、という意識で見ることで行動が見えてきます。答えは相手の頭の中にあったりするのですが、「行動の枠」がないと答えようがないので、「行動の枠＝ＫＧＩ」が必要です。

3 実践してもらい、その行動と成長をほめよう

◆成長軌道に乗れば、他のスタッフも巻き込もう

行動を実践することができても、継続は難しいものです。ですから継続ができているスタッフは素晴らしいのです。継続できていることをほめることで、凡事徹底できる人間であると、自信を持たせることができます。

人間は1日1ミリの成長をしています。それをほめてあげましょう。そんなリーダーに、人はついていくのです。人間は、段階的に成長します。成長しない時期には、本人とリーダーの両方の我慢が必要です。そこをつなぐのが「ほめ」なのです。成長してきたらほめて、次のステージへ行かせます。

成長軌道に乗ったとわかるのは、発する言葉が変わり、焦点が変わり、感情のコントロールが変わり、前向きになっていることでわかります。良い方向で変わった部分はほめてあげて、杭を打ってあげましょう。重要な他者は上司だと思うので、重要な人間にほめても

らうことで、成長曲線は加速します。また、感情もぶれなくなり、キレなくなります。明るい笑顔をするようにもなります。

逆に、「でも」「だって」という言葉を出す人間は、成長軌道に乗っていないので、すぐにわかります。

グッと成長する人間が出てきたときは、そのスタッフを中心に、スタッフ全員に成長の風を送りましょう。そのスタッフが火種となり、お店全体に風を送るのです。そのほうが効率良く、みんなに刺激を与えてくれます。

「あいつができるなら君もできるだろう」「事例を発表して」と、なってくるのです。

もしも、特に変わりそうになかったり、他のスタッフの足を引っ張っていたりするような子がいたら、そのときがチャンスです。足を引っ張っている子は、足を引っ張りたくて引っ張っているわけではなく、行動を恐れたりしているだけなので、変化を見逃さずにほめてあげることで、最高の笑顔になります。

すると仲間は「彼が変われたのならぼくも、私も」となります。

BAD

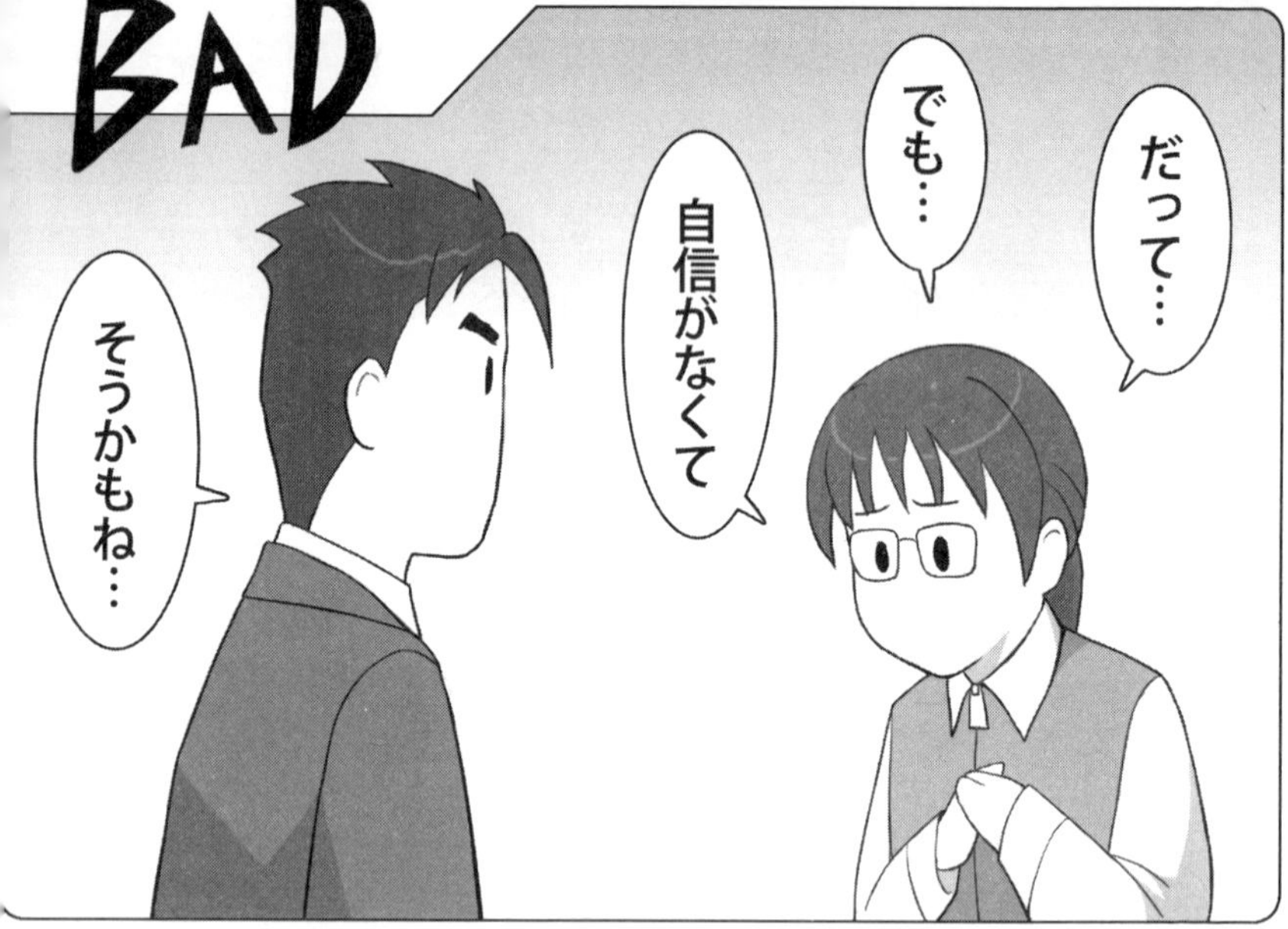
だって…
でも…
自信がなくて
そうかもね…

GOOD

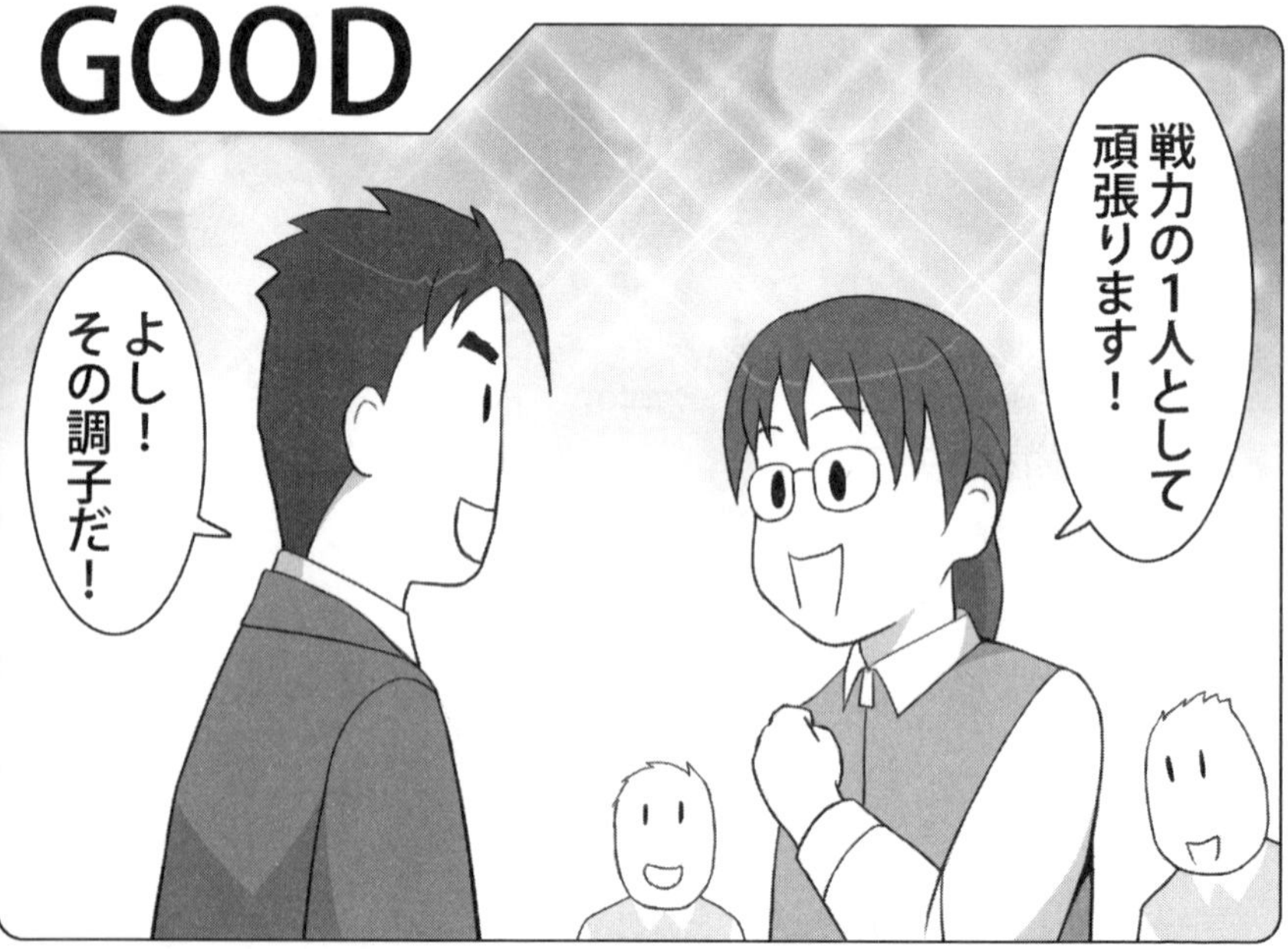
戦力の1人として頑張ります!
よし! その調子だ!

4 実践が売上につながった効果を共に振り返ろう

◆自分が戦力であることを振り返らせる

「売上＝客数×客単価」であり、お客様からの「ありがとう」の数と質のことです。現場は忙しいだけでなく、振り返ることに価値を置いていないため、なかなか振り返ることをしていません。ですが、この振り返る時間を取ることで、「自分はなぜ、成長したのか」「なぜ、戦力になれたのか」「仕事ができるようになったのか」といったことを、成長グラフで振り返ることができます。

改めて自分の成長を振り返る時間は大切です。売上につながった行動にも自信が持てますし、自分がこの店の戦力であることを、もう一度自覚することができます。短時間でもいいので、スタッフが自分の行動が売上につながったことを改めて知ることができるように、できれば振り返る時間を取ってあげてください。

新しいお客様が増えたり、来店頻度が上がったり、紹介が発生することは、奇跡に近いことです。たくさんのお店がある中で、選んでくださること、来続けてくださること、知り合いに紹介してくださることも、奇跡に近いのです。実際、紹介はそんなにしないものだと思います。そんな中で紹介するわけですから、よっぽど良いところがあったからです。ですから、お客様が増えていることは素晴らしいことであり、そこにつながるスタッフの行動は素晴らしいことなのです。

◆違和感を感じ取れるアンテナを張ろう

お店の売上が上がるとしても、同じ曜日、同じ時間に決まって上がるものではありません。今までとは何かが違う、日曜にしか来ないお客様が別の日に来たり、サラリーマンのお客様が日曜に家族を連れてきたり、昼だけでなく夜も来ていたり、そんな違和感を持つことが必ず起こります。そのときに、何があったのかを感じ取れるようにならないといけません。アンテナを張って、なぜそれが起きたのか、それは自分たちが行動したから起こっていることなので、どんな行動を取ったかを検証するのです。

◆曜日、時間帯で、12にお店の売上構成を分ける

スタッフがアンテナを張れるようにするために、私は自分が勤めていたラーメン屋の売上構成を、まず曜日で「平日」「金・土・祝前日」「日曜」の3つに分け、時間帯では「昼ピークタイム」「アイドルタイム」「夜ピークタイム」「ラストタイム」の4つ、計12に分けていました。そしておのおののパートで何が必要か、回転率が重要な時間帯、客単価を上げたい時間帯などのテーマを決めました。すると、ピンポイントで狙ったお客様が、別の日の別の時間帯、例えば平日のアイドルタイムに来ていた主婦が、日曜に家族を連れて来るような変化が起きました。売上構成を分けていたからこそ、それに気づけたのです。

ですから、売上構成のコンセプトを分け、スタッフがおのおのに必要な行動を取ってもらい、その行動をした内容をほめてあげるのです。回転率重視の場合は、回転率を促進する行動をほめる、といった感じです。戦力になったスタッフには、こういったことを知ってもらいたいのです。売上が上がらないことよりも、上がっている部分を探し、そこを増やしていこうとすると、飛び火して他の時間帯にも影響が出たりします。「1週間の売上」「月曜日の売上」など、一つ一つの言葉に具体性を持たせていきましょう。

◆なぜ再来店するのか？ なぜ紹介するのか？ 理由を明確に

お客様がなぜ再来店するのか、その理由を知るために、お客様にアンケートを取りましょう。

その理由は、お客様だけが知っています。常連のお客様や紹介をしてくださるお客様に絞って、直接聞けばいいのです。他にも同じような店や企業があるにもかかわらず、どうしてあなたのお店を選んで来てくれているのか。それを一番よく知っているのは、常連のお客様自身だからです。

あなたが常連さんとのコミュニケーションがよく取れているなら、おそらくすぐに答えてくれるでしょう。どうしていつも来てくださっているのか、どういうセリフで紹介してくださっているのかを聞いてみてください。案外、あなたが思ってもみないような答えが返ってくるかもしれません。きっと、意外な発見があるはずです。

実際にインタビューをした呉服屋の例では、お客様の理由として「私の至福の時間というか、いつも立ち寄らせていただいていますが大好きです、スタッフの対応に感心させられています。着付けもすごく良かったです」というものがあります。「至福の時間」とお客様から言われることはなかなかありません。素晴らしいことです。

お客様からも大切な時間をいただくので、インタビューをさせてもらったら何かしらのサービスやお礼をしたり、チラシに掲載させてもらったり、ビデオを撮らせてもらったり、嫌な人は嫌でしょうが、いい人は全く構わないと思うので、それをYouTubeやホームページに堂々と上げさせてもらえばいいのです。

結局、これから来るお客様は、そのお店の良さを知りたいのです。お客様同士でつなげていかないといけません。そして、そこにつながっているのはスタッフの行動だということです。

何度も言いますが、**お客様が再来店すること、別のお客様を紹介してくださることは奇跡です。それを探求すること、そこに答えがあるのです。**単に「ありがとう」といううわべだけでなく、中身を知りたいのです。どういう意味の「ありがとう」なのか、という部分です。物事には必ず原因と結果があり、売上が上がった原因も必ずあります。

そして、お客様は人で選んでいることが多いのです。その人の人間性ではなく、人間性が伝わる行動や言動が良かったからです。そしてそれを見つけ、行動にしてあげると、みんなで真似しやすくなるのです。またその事実をほめ合い、売上が上がっていきます。

5 売上アップに至った行動レシピを共に見つけよう

◆雨の日でも来店していただける理由を考える

例えば、ある婦人服チェーンの行動レシピは「ハローコール」というものです。60歳のスタッフが、70歳のお客様に物を売る婦人服チェーンなので、売り込み色を強めるとお客様は来なくなります。そこで、「ハローコール」と名づけて、お客様に電話を毎日する行動を決めました。電話では商売の話は全くしません。30分から1時間の電話を、お客様に毎日3本から4本するのでしんどいのですが、これと売上が比例しています。

ここは2カ月に1回のペースでイベントをしているのですが、ハローコールをしていることで、お客様がそのイベントに来てくださるのです。4回に3回は売り込みではない電話をしているので、お客様はイベントに来て「あんたの売上をつくりに来たわよ」と言って、ドンと買っていってくれるのです。

宅配ピザ屋のピザーラさんの行動レシピだと、ポスティングです。チラシを近隣のマンションにポスティングするのですが、通常はポスティング業者に任せます。しかし、業者だと他のチラシもまとめて入れるので、住民と挨拶もしませんし、ただ入れるだけになってしまいます。それではダメだということで、スタッフがチラシをまくことになりました。

ですが、それまではスタッフがまくと面倒がって、自分のノルマをそのままコンビニのゴミ箱に棄てるなんてことはザラ。これをいかにきちんと配るか、行動目標を考えました。まず、チラシをまく地域を、スタッフごとに割り当てました。その地域から注文が入れば、誰がチラシをまいたか、わかるようにするためにです。その上で、住民と会ったら帽子を取って「こんにちは、ピザーラです！」と挨拶。チラシを入れる向きを決める。子どもがいたら、「お母さんに渡しておいて」と声をかける。

これらのことを決め、スタッフはチラシ配りに力を入れ始めました。決めた行動項目を一生懸命やると、その地域から注文が入り出しました。そして、ポスティングの枚数と売上が比例して上がっていきました。「ポスティングを制する者が、ピザーラの売上を制する」、そう言われるほど、チラシ効果が出たのです。

婦人服チェーンの例、宅配ピザ屋の例で作ったものを、「行動レシピ」といいます。決めた行動をきちんとやると、必ず変化が出てくるのです。そのためには、必ず売上につながる行動があることを信じて、スタッフ全員で見つけていくことが大切です。

もし、売上につながる行動が見えてこないとしたら、それは見ようとしていないか、見る気がないだけです。例えば、雨の日に「今日は暇だ」と言う人がいますが、今日を区切りにそのセリフはやめてください。暇だと言って売上が上がるなら、毎日言えばいいのですが、上がるわけがありません。むしろ、そんな雨の日でも来てくださるお客様がいる理由を考える、常連さんになってくれた理由を考える、可能ならば聞いてみるのです。すると、自分たちの思っているものと違うことでお客様が感動していることが多いのです。

もう一つ、目的に立ち返ってください。今いる従業員全員と一緒に売上を上げること。それが目的です。その気持ちで、お客様のことを考えながら、売上につながっている行動を見つけてください。

大阪市にある学習塾、関塾さんの塾長は、増えない生徒と、続かない講師に悩んでいました。ですが、「ほめ育」と出合い、「ほめシート」を活用して、講師にどうなってほしいのかを具体的に伝え、毎月60人の生徒と、8人の講師をほめ続けました。そして、講師の離職率がピタッと止まり、子どもたちに教える情熱や雰囲気が格段に良くなり、子どもたちの成長や、生徒数向上にもつながっているそうです。

第7章

売上を上げる中心スタッフには

1 行動レシピ(売上が上がる方法)作りに参加してもらおう

◆企画段階から巻き込み、自発性を育む

人は仕事でも遊びでも、企画段階から巻き込むとモチベーションも上がりますし、継続もしますし、行動もしやすくなります。行動レシピ作りに参加させることがチームづくりの一つのゴールになります。

今までは行動してみて気づく、といったスタンスでしたが、やはりここに入ってきてもらいたいのです。

現場のスタッフしか知らない、実際に売上をつくっている行動や言動が必ずあるので、そこにどんどん参加してもらいたいのです。

以前、私が回転寿司70店舗チェーンのアルバイトスタッフにインタビューを毎週のようにしていたことがあるのですが、本当にすごいなと感心しました。生ビールのおかわりの方法や、店の回転スピードを上げる方法、常連のメニューの覚え方など、新人パートさん

から出てくるのです。彼らによって店が運営されていることが、手に取るようにわかりました。

もうマニュアル一つで通用する時代ではないのです。現場のスタッフを巻き込んで、それをレシピ化していく時代です。経営者が理念を浸透させようとしても、そこの岩盤は突破できないのです。現場というドリルを巻き込んでいかないと岩盤は崩れません。行動レシピ作りに参加できるところまで成長したことは、スタッフのステータスになると思うので、それを与えてあげよう、ということです。

自分の意見が反映される可能性、チェーン店全店に反映される可能性がありますから、それは嬉しいですし、ステータスになります。

だから、**中心スタッフを企画段階から巻き込み、どんどん出番を用意してあげましょう。そうしないと、自発性が育ちませんし、自分はお店の売上を上げる中心スタッフなんだという自覚も芽生えません。**自分の長所で、このお店の欠点を埋められると思ってもらうためにも、ゼロベースで巻き込まないと、あとから参加したのでは、取り組み方への姿勢が違ってきます。

◆地域、客層、得意集客ジャンルに合わせよう

行動レシピに関しては、最新の集客ジャンルであるSNSなども使っていますが、地域や客層は変わっていきますし、他の店や駅ができたら変わるので、お店にとって得意な集客方法、WEBが得意な人がいるなら、WEBを使ったり、人間力の塊のようなチームだったら、チラシを作ってポスティングをしたり、FacebookやLINEを使ったほうがいいならそれを使うなど、集客方法は変化に対応していかないといけません。料理がおいしいからいい、技術さえ良ければいい、それだけでは通用しない時代です。

若い夫婦が住む地域なら、LINEを活用したほうがいいでしょうし、ショッピングセンターが近くにあるなら、お客様の年齢層なども調べないといけないですね。

例えば、大阪にある居酒屋の「だるま」では、通天閣で有名なのは串かつだけではなく、将棋とジャズのメッカでもあるので、将棋大会への出場や、ジャズのお店とコラボしています。地域の風や、マーケットや商圏を読むことをしなければいけません。闇雲にがんばる時代ではないのです。

◆どんな仕事にも、どの国にでも通用する

もしレシピに困ったり、レシピの現状の良し悪しを確認したいときは、常に常連のお客様に聞くようにしましょう。

お店にお金を落としてくれる上位10%のお客様にお店の価値を聞くのです。お客様が選んでいる理由とスタッフの行動は、必ずつながります。

これは、どんな仕事でも、どの国でも通用すると思います。例えば、タイで流行っている屋台と、流行っていない屋台があったら、その理由は常連がよく知っているはずです。常に常連に聞いて、行動レシピを体系化するのです。

アメリカでも、あるパンケーキ屋さんがとても流行っているのですが、隣にあるパンケーキ屋さんは同じようなメニューがあるにもかかわらず、流行っていないのです。それも、常連さんに「なぜ選んでいるのか」を聞くと、そこから答えが出てきます。

2 行動レシピ（売上が上がる方法）を進化させる役割を与えよう

◆新しい組み合わせ、時流で、行動レシピは常に進化

創造は組み合わせです。２カ月ぐらいでこれが凝り固まってきて、飽きてきてしまいます。そこで、入店の挨拶でも言い方を換えてみたりして、新しいものを取り入れていきます。レシピは常に進化させていくのです。

料理も同じで、ラーメンのスープでもどうすればもっとおいしくなれるか、それを毎日の会話に入れていかないといけません。おいしいお店は料理人の会話の中で「どうやったらもっとおいしくなると思う？」「早く提供できる？」と毎日話題にしているのです。私はラーメン店の店長時代に、ある店長と毎日お店の回転のさせ方などの話をしていました。夜中に飲みに行っては、ずっとその話でした。それがお店の発展につながりました。

お客様から、「ここは30年間、変わらない味だね」と言われたとします。しかし実は味は変わっているし、進化しているのです。本当に同じ味を続けていたら「味が変わったな」

と言われてしまいます。ラーメンでも何でも、味の流行はあるのですから。同じように、行動レシピも少しずつ進化していかないといけないのです。

◆競合店視察は、行動レシピを埋めるため

例えば、ライバル店舗が近くにできたときに視察に行ったり、繁盛店に視察に行ったりしますが、行くだけで終わっています。何のために、何を埋めるために行くのか、きちんと「目的」を持って行かないといけません。

セミナーでも同じですが、参加する目的をきちんと持って、具体的に何で困っているのか、何を持って帰りたいのか、そこまで考えておかないと、参加する意味がありません。

ですから、競合店視察は行動レシピの項目を埋めるため、2カ月後の新しい項目のため、入退店の挨拶でこだわっているところを探すため、スピード、笑顔、電話対応、スタッフの連携がどうなっているのかなど、**きちんと項目を決めて視察に行けば、とても価値のあるものになります。**

これをやることで、繁盛しているところならどこでも行けるようになります。繁盛して

いるところはどうなのか、逆に繁盛していないところはどうなのか、繁盛店の情報は、業者や雑誌、私のようなコンサルタントから聞くことができます。

今月はお店で10店舗の視察をすると決めて、1人3つずつ行動項目を持って帰ってきてもらえば、簡単に100項目ぐらいは集まるわけです。それをみんなの共通言語にできます。やはり目的意識なのです。

お店を視察して、ただ飲むだけの日があってもいいでしょう。しかし今日は絶対に学ぶ日と決めた日は、スタッフに対する質問も変わってくるはずです。

「さっき、従業員さんが、あんな行動をしていたけど、どうしたら、うちの店でも、できるようになると思う?」などと、いろいろと気になって見えてくるはずです。お店の従業員さんの行動に驚くこともあれば、感心することもあるはずです。

行動レシピは、やはり料理のレシピでも隠し味や火加減やタイミングが、うまい人はわからないようにやるわけです。それを見逃してはいけません。意識を高くすることで見えますし、聞こえてくるものです。

◆他業種から学ぶのは、行動レシピをブラッシュアップさせるため

繁盛店は意識して情報を取り入れようとしないといけません。飲食店でも本屋でも美容室でもネットショップでも、あのお店がなぜ流行っているのか、どうしてお客様から選ばれ続けているのかを考えるのです。必ず味だけではなく、目的を持っておかないといけません。

視察をしても「○○が良かったです」という報告が多いのですが、そんなことを言われても仕方がないのです。行動レシピに何が入ったのかが重要です。セミナーの受け方も同じです。「今日のセミナー良かったです」ではなく、「あなたの課題の何が解決できたのか？」が重要です。

一本のいい映画を見たような話の聞き方の人が多いので、あくまでもブラッシュアップを目的意識にしなければいけません。

そうはいっても、見つからないこともあります。ですが、それはたまたま巡り合わせが悪かっただけなので、必ず見つかると信じて繁盛店から学ぼうとするのです。これは訓練で、勝手に聞こえてくるようになります。小さな積み重ねが繁盛を築いているわけで、必

ず繁盛店には理由が存在しているのです。それを信じて意識を高くすると見えてきます。意識が低いと、一生引っかかってきません。

私のクライアントに、名古屋圏のコンビニがあります。ここには一人の女性社員がいるのですが、何と、お店に通うお客様が本部にわざわざ、「あんなスタッフ見たことない。本当に素晴らしいスタッフです」とFAXが届くのです。別のお客様からは、「あなたの笑顔を見て、もう一度がんばろうと思いました」と、お手紙が届きます。そのお客様は、出張が多く、心も体も疲れ切っていたそうです。

このコンビニは3年連続で昨年対比をクリアし、今も右肩上がりが継続しています。このお店のオーナーは、「タバコの銘柄」「支払い方法」、そして、「お辞儀と笑顔と声出しの徹底」をほめる基準にしました。

そして、看板スタッフのYさん。このYさんがレジに立つと行列ができます。特に平日、朝8時から9時のピーク時の接客は、尊敬に値します。すべてのお客様にお辞儀を欠かさず、目を見て笑顔で「おはようございます」と言って、タバコの銘柄や支払い方法なども記憶し、対応するのです。

このお店のオーナーさんは、「Yさんは、もともと素晴らしい素質があった子だった」と言い切ります。何をしたらお客様の喜びにつながるのか、具体的な行動を教え、その行動をしたYさんを徹底的にほめたのです。

そして、Yさんが一番力を入れたのは、アイ・コンタクト。コンビニの従業員が、今すぐできる行動の一つで、お客様と目を合わせることにより、お客様が明るいお店だな、雰囲気が良いお店だなと感じてくれるので、それを徹底したのです。

Yさんは、「コンビニのオーナーが、こんなにお客様のことを考えているとは思っていませんでした。仲間と一緒に、もっと良い店にしたい」と言っています。

20代の若い社員が、ここまでお店のこと、仲間のこと、お客様のことを考えるようになったのは、そもそも持っていた素質を最大限に引き出したオーナーの愛情と具体的な指示だったのです。

繁盛店は行動を重視します。みんなが繁盛店になる行動をしているから繁盛店になっているのです。それを一つ一つひもといていくと、レシピになると私は考えています。

3 お店を一体化させるための、リーダーシップを教育しよう

◆一体化すると力が10倍

一体化というのは、一人も残さず全員が、店長の掲げる理想のお店を実現するために行動していることです。10人中9人では一体化にならないのです。一体化すると力が10倍出るものなので、全員がベストを尽くす、自分以外の人間のためにがんばろうとする、相手のためにとみんながやりだすと渦になるのです。繁盛店はそれができています。それがお客様に伝わっていて、みんなが「ありがとう」と言ってくれるのです。

それがどれだけスムーズに回るか。「1way 2·job」は3にも4にも5にもなるのです。1+1が5にも6にも10にもなり、驚くほど速く作業が終わり、お客様満足度が上がっていくのです。お客様からの「ありがとう」がこだまして、感謝と感動が渦巻いて、音がしているような感じです。それは一人ががんばっているからではなく、他のスタッフとも連携しているから起こるのです。

これはこの本の目的でもありますが、**がんばっていない人はいませんし、がんばっていても表現が苦手なだけなのです。**店長や経営者は区別するのではなく、全員に同じようにお給料を払っているわけですから、全員の力を結集したほうが絶対にいいわけです。今いるスタッフ全員の力を一つにすると、ビックリするような力を発揮できるのです。

◆一体化させる焦点はたった一つの行動から

本当によく聞くのが「感謝を忘れずに」「笑顔で」「根性」など、抽象度が高い言葉です。抽象度が高い言葉は、確かにパワーはあるのですが、実際に行動目標に落とすとよくわからなくなってしまいます。「お客様に『ありがとう』を言われる行動をがんばろう」と言っても、スタッフは何をしたらいいのかわかりません。勘のいい子、商売勘のある子はそれでも動けます。しかし今は商売勘のある子は少ないので、**たった一つの行動をみんなですることによって、チームは一つになっていきます。**

そのためには、前述した「10センチの魂」がすごくいいのです。ドアが開いた瞬間に誰かが「いらっしゃいませ」と言うと、みんなが続く。「ありがとうございました」と言えば、みんなが続く。するとドアにいる子が「いらっしゃいませ」と言えば、自分が発信したことにみんながついてくるわけで、それが一体感になるのです。「10センチの魂」で一つになるんだと決めると、それぞれの持ち場にいても一体化しているかどうかがわかります。

たった一つの行動に意味があるかどうかに関しては、「10センチの魂」はとても意味があるので、繁盛店になりやすいのです。エステサロンでは、「電話対応」などが使われていますが、どの職業でも、一つの行動に絞ってチームを一体化させていきましょう。

例えば、若いお客様が来るアパレル店では、挨拶の他に、巡回と服を綺麗にたたむことなどが挙げられます。アパレルのスタッフの歩く距離と、売上は比例するといわれています。これはメガネ屋さんも同じです。メガネは調整しないと狂っていきますから、お客様がいないときを狙って、メガネを正常な位置に調整していくことが重要です。それをしているお店は売上がいいのです。服も巡回しながらたたんで、空気を入れてあげるのです。コンビニはフェイスアップとアイ・コンタクト、タバコの銘柄覚えの競い合いです。

パチンコ店には600人のお客様のタバコの銘柄を覚えているスタッフもいます。タバコも一種類ではない場合があります。勝った場合と負けた場合で、違う銘柄を買うお客様もいます。負けた場合は、「このタバコを吸って取り返しましょう!」と言ったりします。

そうなると、お客様は、「どうせ負けるならあの子のお店で負けよう」という気持ちで行くのです。「勝てるようにお祈りしておきました」と言って渡されれば、嬉しいものです。たくさんの事例を出しましたが、アンテナを張っていると、至るところで黄金のレシピが見つかるはずです。

◆お客様に選ばれている行動を徹底的にする人がリーダー

このお店は誰がリーダーなのかを考えたときに、店長だと言いがちですが、やはりお客様に喜ばれようと一番がんばっている人がリーダーだと言いたいのです。この本では、レシピ作りをする人間を養成したいので、お客様に選ばれている理由と、スタッフの行動をつなげようとしている、みんながモデリングできる行動レシピを作ろうとしている人をリーダーにしたいのです。

店長にすれば、それはまさに自分の分身をつくろうとしているのと同じで、そういう人間が3店舗に1人いれば、売上は絶対に上がるのです。常連さんはスタッフの行動でお店を選んでいます。立地や味などはもちろんありますが、この本の読者は、スタッフで違いを見せられる人だと思います。そういうお店が今のところ、それほどないのです。

◆繁盛店に一直線！の正しい教育は存在する

今までの理念経営や顧客満足よりも、従業員満足という土台をしっかりと築けるお店や企業は、私がここで提案したノウハウを取り入れることで、瞬間的に結果が出ると思います。どこに焦点を合わせてスタッフががんばればいいのか、それは虫眼鏡の焦点と同じように小さくしないと燃えません。焦点を合わせれば、素晴らしい力が出るのです。

千葉県白井にある、居酒屋ごん助の吉田さんは、「ほめ育」の取り組みが始まる前から、明るく皆を引っ張っていた28歳の社員さんです。しかし、彼には悩みがありました。それは、ほめても売上が上がらない現実。「こんなんでいいのか？　何か違うんだよな～」と思っていたそうです。

アルバイトのモチベーションを上げてから、指示を出さないといけない手間。その手間が、「ほめ育」で解消したのです。いちいちアルバイトのモチベーションを上げなくても、自発的にお店のために行動レシピを提案してくれるようになったのです。ゆとり世代、さとり世代の学生が次々に社員になり、アルバイトがアルバイトを呼び、採用募集費が何と5年間ゼロになりました。「ほめる基準」を基に、行動チェックリストを作ることにより、店内のスタッフが何をしたらお客様にほめてもらえるのか、何をしたら上司にほめられるのかが、明確になったそうです。

吉田さんは当初、「ほめ育？　アルバイトスタッフをほめたら、つけ上がるだけですよ」と言っていたそうですが、今では、なくてはならない育成の仕組みになったそうです。

もちろん、ほめるだけでなく、反省もしなくてはいけません。反省の材料も、この行動チェックリストを基に反省すると、スタッフとの共通言語ができ、次の目標設定が楽にできるとのこと。それまで動かなかったアルバイトスタッフは、単にやり方がわからなかったそうです。一生懸命働きたいけど、何をしたらよいのかがわからないまま過ごしていたそう。ですが、ようやく何をしたら店長にほめられ、お客さまに喜んでもらえるのかが、わかったそうです。

半信半疑で始まった「ほめ育」。今では売上昨年対比120％で推移しています。

明らかに変わったのは、やり切るスピード、自発的にお店のためにアイデアを出してくれるようになったアルバイト。このアルバイトの成長が、お店全体に広がっているのです。

4 他のスタッフの見本になってほしいことを伝えよう

◆見本、信頼、支援

誰もが、他のスタッフの見本となるスタッフをつくっていくことで、学生アルバイトにそのまま社員になってもらいたかったり、どんどん人が集まってくるお店をつくりたいはずです。

そこで、人は見られることによって、良く見せようとしますから。リーダーはまず、繁盛店にするための考え方をスタッフに伝え、見本を見せ、信頼し、周囲を支援する形を見せましょう。それが繁盛店の、リーダーシープの3つの要素です。

中心スタッフは、自分より下のスタッフに見本を見せないといけないので、作業がわかる、戦力になるといった、今までの段階がありました。次に、土台となる信頼関係をつくっていかないといけません。そのためには、まずこちらがスタッフを信頼しないと、こちらも信頼されません。

部下を支援していくことによって、チームは強くなっていきます。それが自分の人生というか、単に仕事や社員やアルバイトではなく、「見本、信頼、支援」とは、人生の中で何をやっても、将来家族を持っても、家族のリーダーになっても、同じなのではないでしょうか。ですから、**他の人の見本になることで、人生のリーダーシップを学んでもらいたいのです。**

他のスタッフの見本になることで、お尻に火がつくというか、教えることによって自分の教え方が悪かったり、悪い部分を見せられなくなったり、後輩のおかげで自分も成長できるのです。それが見本の力です。教えることが教わることだと、みんながそう思えば、組織は変わります。

結局、今いるスタッフ全員で売上を上げていく道しか残っていないのですから、「あいつはがんばっている」「あいつはがんばっていない」と言っている時間自体がロスなのです。それを我慢し、焦点を変えていけば、売上が上がります。息抜きのような、文句が悪いとは言いませんが、チームが上昇機運にあり、組織を固めて、次のステージへ行くときには、文句を言うことはやめましょう。

今の学生たちは、何をしたらいいかがわからないだけです。しかし、何かがしたい、ほめられると伸びる（次のステージへ行ける）環境に育っているので、リーダーや経営者が考え方を変えるだけで、金銭的効果につながっていきます。

◆行動の継続が信頼関係になる

行動した人間が評価され、行動を継続している人間が信頼され、信頼関係が育ちます。行動し続ける人間を信頼する文化を持ちましょう。

どうしても人柄のほうに評価がいってしまうのはわかります。簡単なことではありません。しかし繁盛店にするためには、意識を高くして焦点を合わせないと見えてこないのです。店長がいて、お局さんがいて、新人がいて、やんちゃ坊主がいて、と人間模様がいろいろとあるでしょう。

「今日は誰を中心に回せるか?」「誰と誰のコミュニケーションが良くないからシフトはどうしようか?」などと考えていたりしますが、そうなるとお客様のほうに目が向きません。ですから「行動」にしないといけません。感情を入れてしまうと、お局さんに気を使った営業のようになってしまうのです。行動に焦点を合わせておけば、楽なのです。

5 未来の売上のつくり方を教育しよう

◆販促を皆で考えるから楽しい

すべての商売が、お客様の課題を解決すること、希望を叶えることによって対価をいただくというゴールデンルールに則っています。自分の売りたいものを売ったり、商品が一番大事というところから始まることが多いのです。それももちろん大事ですが、今の時代は、それだけでは通用しません。ゴールデンルールの中で、自分のできるもの、実現できる商品、できるサービスが何かを考えるのです。

これは時代によって変わってきます。ずっとここにとらわれている経営者やリーダーは要注意です。ずっとラーメン店で頑固一徹においしいラーメンを出していくのもありですが、そちらのほうが数は圧倒的に少ないわけですから、そこは変化対応していかないといけませんし、FacebookやLINEなども活用していかないといけません。

東京のケーキ店で、お持ち帰りのほうが売れているお店があります。そのケーキ店はそれほどおいしいケーキではないのですが、女性が鞄と一緒に紙袋を持つことが多いことに着目し、ヴィトンと同じサイズで少し高級な紙袋をお持ち帰り用にしたところ、噂になってお店で食べる売上よりもお持ち帰りのほうが上回ったのです。

これも時代の流れの一つです。コンビニもそうで、売りたいものだけを売るのではなく、常に地域や時代のお客様が何を求めているのかを考え、そこから商品開発をするのです。それが商売として、一番面白いのです。

そういう教育を、この時点でもう一度しておかないといけません。売上をつくれるスタッフが自店の発展のためにアイデアを出してほしいと言いますが、接客レベルを上げていくだけではなく、**近未来の売上はみんなでつくっていくことができる。それが楽しいところです。**

◆育成と販促は両輪

これも私が大切にしているノウハウで、販促はイベントや季節、例えばクリスマスやバレンタインデーや年末年始など、お客様が集まるイベントをしますが、**本当に販促を行う**

タイミングは、従業員が心からお客様に来てほしいと思った日、自分たちのお店の商品やサービスをたくさんのお客様に提供したいというモチベーションが高まった日、それを届けるサービス力が上がった日に、販促をしないといけません。

チラシをまけばお客様は来ますが、現場スタッフがそれを知らなかったり、準備ができていないと話になりません。

育成と販促は常に両輪です。会社が大きくなればなるほど、人材育成部と販売促進部が別の部屋になったりしますが、本当は隣同士で、育成にも期日を設けて、販売促進の日を決めたら、そこに向かって育成をしていかないといけないですし、間に合わないなら販促を延ばさないといけません。常に両輪でないといけないこの2つが、別々に動いているお店が多いのです。

販促は現場には関係ない、と思っている人がほとんどです。しかし私にしてみれば、それは巻き込んでいかないといけませんし、従業員が、現場が、心から「また来てもらいたい」と思わないと、人材不足でヒーヒーいっているのにまだ集客したりすると、お店を開けられないような事態になる可能性もあります。

◆時流を感じる力

今のお客様が何を求めているのか、人口分布がどうなのか、何が売れ、売れなくなっているのかなど、商品やサービスの時流を知る力も持っておきましょう。

例えば、今は美容室よりも床屋のほうが流行っていたりします。美容学校の男の子も、スタイリストよりも床屋さんになりたがる人が多いそうです。カリスマと呼ばれるスタイリストは35歳で終わりですが、床屋はそうではありません。また、今はニューヨークの１９６０〜１９７０年代のファッションがブームになりつつあるので、それを実現できるのがオシャレ床屋だったりするのです。ちょっと前までは「床屋なんて嫌だ」と言っていた若い子が、今は美容室から床屋へ流れが変わってきているのです。

それと、20代のときには美容室へ行っていた男の子が、30代になると若い女の子に交じって髪を切ってもらうことに違和感を覚えるようになり、床屋のほうが安心できるようになるそうです。これも時流の一つです。

時代が何を求めているのかを感じられないと、売上をつくり続けられないと思います。逆にそれを感じつつ、自分は原理原則などの本質にこだわっていくことも大切でしょう。

◆商品、リスト、スケジュール

私の売上のつくり方なのですが、この3つをきちんとやっているところが、売上が上がります。自分たちの商品やサービスを誰に販売するのか、そのお客様リストを、あまり考えていない人が多いのです。

例えば、お客様を「VIP」と「常連」と「流動」と「失客してもいい」などに分け、それぞれの定義や、そういうお客様がどのぐらいいるのか、流動客を常連にするためにどういうことをしているか、などを考えます。

皆さんは商品は考えるのですが、リストが4段階あるとしたら、見込み客D→Cというふうにリストを上に上げていくのが商売です。見込み客Aへのクロージングばかりを考えるから、リストが枯れていくのです。

スケジュールを組むというのは、見込み客リストを上げていくために何をするかのスケジューリングのことです。一番下のD客を増やすためにはチラシ、これを年4回行う。DをCにするためには、チラシで来たお客様にポイントカードを渡す、などのアクション。Cに対しては、DMを送ってBにする。B客には電話をかけたり、個別メールを送ったり、

BAD

GOOD

Facebookで会員制にしたり、VIPになるとお誕生日にプレゼントをする、といったことを年間スケジュールで組んでしまうのです。

リスト管理も、スケジュールを作らないと効果検証ができません。結局、がんばったのか、がんばっていないのかがよくわからないうちに1年間が終わってしまうのです。

現場にはいろいろとあるので、できなかったならそれでもいいのですが、**問題はできなかったことすらも検証できずに、次へいってしまうことなのです。**これを愚直にやっていれば、ほとんどは売上が上がるはずです。

◆人の力でまだまだ売上は上がる、利益はつくることができる

結局、これが一番言いたいことです。日本はこの20年間、売上が上がらない時代でした。もちろん、時代の波に乗ってマーケットが大きくなったお店は、売上が上がっていきましたが、それは市場が大きくなったからです。普通の飲食店や物販店では、売上が120％上がっているところは稀です。店長や経営者自身も、売上は上がらないと思っていて、105％アップでもすごいと思う感覚になっていて、自信がなくなっているのです。

フリーペーパーが出てきて、どんどん値段を安くしてしまい、何のために商売をしているのか、集客媒体に利益を取られたり、売上は上がらないと思っている20年間があったので、120％アップなどを出してしまうとブレーキを踏んでしまっています。

まだまだ150％も200％も売上アップはいけるのに、ビックリしてしまっているわけです。それは、人の力でまだまだ売上が上がることを確信しているかどうかです。お金とはそういうものです。

日本という国は、戦後焼け野原からここまで来ているわけです。今、そのパワーでいけば、まだまだ売上は上がります。どこかで力を抜いているのではないでしょうか。

お客様は人で選ぶ時代です。スタッフの笑顔や一致団結や、「お客様のために」という行動の連続、継続で、繁盛店はつくれます。この本は、そういう自信につながる本にしたかったのです。

「ほめ育」の渦中にいる人たちは、日々面白くてたまらないのです。売上は上がる、利益が上がる、スタッフの笑顔は増える、ストーリーもたくさん生まれる、採用がうまくいく、紹介で人が入ってくるなど、数カ月前とは全く違う組織になっているのです。

愛情、情熱、ミッション、「ほめ育」を実践する熱が、あなたに必要です。まだまだ「熱」

が少ない気がします。やり方だけを知っても動かない、みんな熱を求めている、燃えたいけど自分には発火剤のない人が多いので、発火剤は店長や経営者が燃えて移してあげましょう。ここは、店長ががんばるポイントです。

繁盛店になると決めていかないと、「なればいいな」くらいではなれません。絶対になると決めて、まずリーダーが思わないといけません。従業員をほめて育てて、売上を上げる道を開いてください。

覚悟はいいですか？

ランク：**アシスタント**　　　　担当：

店名：　　　　　　　　　店　　期間：2014/　/　～2014/　/

※左の評価軸を参照して、5点満点で記載してください。

	評価軸	1	2	3	4	5	月	火	水	木	金	土	日	週合計点	週平均点
	清掃率	20%～	40%～	60%～	80%～	100%								0	
	動いた率	20%～	40%～	60%～	80%～	100%								0	
	片付け率	20%～	40%～	60%～	80%～	100%								0	
	先に挨拶率	20%～	40%～	60%～	80%～	100%								0	
	続く一言率	20%～	40%～	60%～	80%～	100%								0	
	アイ・コンタクト率	20%～	40%～	60%～	80%～	100%								0	
	話題準備率	20%～	40%～	60%～	80%～	100%								0	
	カルテ追記率	20%～	40%～	60%～	80%～	100%								0	
	スピーチ回数	1回	2回	3回	4回	5回～								0	
	使用感説明率	20%～	40%～	60%～	80%～	100%								0	
	ロープレ指導率	20%～	40%～	60%～	80%～	100%								0	
	商品提供率	20%～	40%～	60%～	80%～	100%								0	
	POS配布枚数	100部	200部	300部	400部	500部～								0	
	ハント新規獲得数	－	－	－	－	1名～								0	
	紹介獲得数	－	－	－	－	1名～								0	

〈付録〉美容室 ランク別／行動チェックリスト

この表は、ランクチャートの行動実践内容を転記して、チェックリストにしたものです。

以下の行動が、売上に直結していることを意識して、 しっかり実践してください。

	カテゴリー	実践チェック内容
1	**フロアを清掃する**	お客様が終わられたら1分以内に清掃している。
	切り髪などを素早く清掃して、店内美化をすることにより、お客様へ好印象を与える	ワゴン・器具などが散乱している場合は、3秒以内に動いて片付けている。
		使用済みのカラーカップなどを3秒以内に片付けている。
2	**挨拶で周りを活気づける**	80%以上、相手（お客様）よりも先に挨拶の言葉をかけている。
	元気で明るい挨拶をすることによってお客様に元気になっていただく	80%以上、、挨拶に続く一言が言えている。
		80%以上、、相手とアイ・コンタクトして挨拶できている。
3	**会話を促進する**	本日の話題を一つは持っておいて、話しかけている。
	手が空いたらすぐにお客様とライフスタイルなどの会話をして、情報を集める	メモを常時携帯し、60%以上はそれをカルテに追加記入している。
		会話のネタを仕込み、1週間に3回以上は朝礼で1分スピーチしている。
4	**店販をお勧めする**	入客したすべてのお客様に対し、使用感をお話ししている。
	使用感などをお話しして、店販販売に結び付ける	全スタッフに対し、自分なりの商品説明方法をロープレ指導している。
		事前チェックして、すべてのお客様に対し適切な商品をお薦めしている。
5	**集客に協力する**	ポスティングに行くことを空き時間の優先とし、月間3000枚以上を配付する。
	ポスティングなど積極的に集客努力を行う	月間3名以上のハンティング客獲得を目指す。
		常に集客を考え、友人を頼ったりして、月間1名以上の紹介客を獲得する。

〈特記事項・結果総括〉

1週間振り返ってみて良かった点、次週への抱負を書いてください。	
良かった点	
次週への抱負	

有限会社シーケン社提供

ランク：**ジュニアスタイリト**　担当：

店名：　店　期間：2014/　/　～2014/　/

※左の評価軸を参照して、5点満点で記載してください。

	評価軸	1	2	3	4	5	月	火	水	木	金	土	日	週合計点	週平均点
	売上数字記憶率	20%～	40%～	60%～	80%～	100%								0	
	計画達成率	60%～	70%～	80%～	90%～	100%								0	
	レッスン相談回数	－	－	相談した	－	－								0	
	規定時間内施術率	60%～	70%～	80%～	90%～	100%								0	
	時間短縮工夫回数	－	－	－	工夫した	－								0	
	時短呼び掛け回数	1回	2回	3回	4回	5回～								0	
	顧客記憶率	20%～	40%～	60%～	80%～	100%								0	
	お名前お呼び率	20%～	40%～	60%～	80%～	100%								0	
	アイ・コンタクト会話率	20%～	40%～	60%～	80%～	100%								0	
	自主挨拶率	20%～	40%～	60%～	80%～	100%								0	
	希望察知回数	1回	2回	3回	4回	5回～								0	
	上客様記憶率	20%～	40%～	60%～	80%～	100%								0	
	自己紹介出来率	20%～	40%～	60%～	80%～	100%								0	
	新規様への挨拶率	20%～	40%～	60%～	80%～	100%								0	
	ブランド作り時間	30分～	1時間～	2時間～	3時間～	4時間～								0	

〈付録〉美容室 ランク別／行動チェックリスト

この表は、ランクチャートの行動実践内容を転記して、チェックリストにしたものです。

以下の行動が、売上に直結していることを意識して、 しっかり実践してください。

	カテゴリー	実践チェック内容
1	**技術修得に努力する**	売上目標と実績を把握していて、最新の売上数字を言うことができる。
	早くスタイリストデビューできるようにレッスンに励む	レッスンは計画を立てて進行しており、目標とのズレは10%以内である。
		先輩に対し、レッスンの相談を月間1回以上お願いしている。
2	**施術スピードをアップする**	施術に入るときは目標タイムを意識して、100%タイム内で施術している。
	スピードアップの工夫を考えて、周囲に協力してもらう	時間短縮アイデアを考え、月間1つ以上の工夫した案を実践している。
		1日1回以上、周囲にもスピードアップの協力を呼び掛けている。
3	**お客様をよく覚える**	自分が関わったお客様のフルネームは全て覚えていて言える。
	お客様の顔とフルネームを覚えて、親しみを持っていただく	施術のとき、お客様の名前を3回以上はお呼びしている。
		当日のお客様全員に対し、アイ・コンタクトを意識して会話している。
4	**分け隔てのない接客**	新客様へは100%、自ら進んで挨拶しに行っている。
	新客様は特に気をつけて、疎外感を与えない	1日1回以上、お客様の希望を察知して言われる前に行動している。
		上客様の名前と背景はすべて覚えていて、言うことができる。
5	**個性をアピールする**	1分程度で、きっちりした自己紹介ができる。
	自分の特徴をつくって、お客様を引き付ける	担当外でも、新規客様への挨拶は100%している。
		美容師としてのセルフブランディングに、月間3時間以上をかけている。

〈特記事項・結果総括〉

1週間振り返ってみて良かった点、次週への抱負を書いてください。	
良かった点	
次週への抱負	

ランク：**スタイリト**　　　担当：

店名：　　　店　　期間：2014/　/　~2014/　/

※左の評価軸を参照して、5点満点で記載してください。

	評価軸	1	2	3	4	5	月	火	水	木	金	土	日	週合計点	週平均点
	計画達成率	60%~	70%~	80%~	90%~	100%								0	
	スタイル作成数	–	–	1作品	2作品~	3作品~								0	
	評価求め回数	–	1回	2回~	–	–								0	
	後輩への助言回数	–	1回	2回~	–	–								0	
	レッスン指導時間	30分~	1時間~	2時間~	3時間~	4時間~								0	
	接客指導回数	–	1回	2回~	–	–								0	
	新提案率	20%~	40%~	60%~	80%~	100%								0	
	新手法導入回数	–	–	–	–	1件								0	
	新規定着率	55%~	60%~	65%~	70%~	75%~								0	
	研究投資時間数	30分~	1時間~	1.5時間~	2時間~	2.5時間~								0	
	紹介依頼率	20%~	40%~	60%~	80%~	100%								0	
	マイツール作製回数	–	–	–	–	1つ								0	
	来店サイクル日数	~90日	~80日	~70日	~65日	~60日								0	
	読書冊数	–	–	1冊	2冊	3冊~								0	
	名刺獲得数	1枚	2枚	3枚	4枚	5枚~								0	

〈付録〉美容室 ランク別／行動チェックリスト

この表は、ランクチャートの行動実践内容を転記して、チェックリストにしたものです。

以下の行動が、売上に直結していることを意識して、 しっかり実践してください。

	カテゴリー	実践チェック内容
1	**スタイルレッスンに努力する**	スタイリストとしてのレッスン計画があり、目標とのズレは10%以内である。
	スタイルバリエーションを多くつくり、多様な提案ができるようになる	月間20作品以上を目標に作成している。
		作った作品の評価を、月間10回以上技術リーダーに求めている。
2	**後輩指導を行う**	後輩スタッフの成長計画を一緒に考えて、月間10回以上アドバイスしている。
	積極的に後輩の技術向上などに取り組んでいる	後輩の技術促進のために、月間10時間以上のレッスン指導をしている。
		心構え、接客、躾などについて月間10回以上の接客指導をしている。
3	**カウンセリング&スタイル提案をしっかりする**	すべてのお客様にとって、新しい提案を考えて行っている。
	お客様の希望を傾聴し、提案を交えてスタイルを決定することにより、満足感を感じていただく	新カウンセリングアイデアなど、月間1件以上新しい手法を導入している。
		新規定着率70%以上を確保している。
4	**紹介を依頼する**	紹介や増客に関して、月間3時間以上の研究時間を費やしている。
	紹介を依頼して、確実に客数を伸ばす	100%、お客様に紹介依頼をしている。
		紹介依頼・集客のために、月間1つ以上のマイツールを作製して使用している。
5	**ファンづくりを行う**	マイスタイリストとして、月間平均来店サイクルが60日以下である。
	オンリーミー感を満足させるために、お客様を深く理解する。お任せのお客様を多くつくることにより、単価、定着率、来店サイクルを確実なものにする	月間1冊以上、心の成長に関する読書をしている。
		外部との交流も多く、月間3枚以上の名刺を獲得している。

〈特記事項・結果総括〉

1週間振り返ってみて良かった点、次週への抱負を書いてください。	
良かった点	
次週への抱負	

ランク：**リーダー＆チーフ**　　担当：

店名：　　　　　　　　　店　　期間：2014/　/　~2014/　/

※左の評価軸を参照して、5点満点で記載してください。

	評価軸	1	2	3	4	5	月	火	水	木	金	土	日	週合計点	週平均点
	スタッフへの助言回数	1回	2回	3回	4回	5回~								0	
	店長からの指導回数	~15分	~30分	~45分	~60分	60分~								0	
	スタッフとの会話時間	~15分	~30分	~45分	~60分	60分~								0	
	目標設定時間	~15分	~30分	~45分	~60分	60分~								0	
	朝終礼での情報発信	–	–	実行	–	–								0	
	遅れ対策相談時間	~15分	~30分	~45分	~60分	60分~								0	
	朝終礼開催	–	実行	–	–	–								0	
	ＴＯＤＯ消化率	20%~	40%~	60%~	80%~	100%								0	
	朝終礼改善回数	–	–	–	改善実行	–								0	
	ケースワーク収集数	1件	2件	3件	4件	5件								0	
	店長からの助言時間	~15分	~30分	~45分	~60分	60分~								0	
	相談資料準備率	–	–	資料準備	–	–								0	
	意思表示準備率													0	
	ノート追記率	–	–	記事追加	–	–								0	
	店長からの助言時間	~15分	~30分	~45分	~60分	60分~								0	

〈付録〉美容室 ランク別／行動チェックリスト

この表は、ランクチャートの行動実践内容を転記して、チェックリストにしたものです。

以下の行動が、売上に直結していることを意識して、しっかり実践してください。

	カテゴリー	実践チェック内容
1	**スタッフを掌握する**	スタッフのコンディションを知るために、月間10回以上はアドバイスしている。
	体調管理、心の状態、成長促進などを逐次チェックして、スタッフの働くコンディションを整える	店長からスタッフ育成について、月間2時間以上の指導を受けている。
		間接情報を入手するために月間2時間以上、スタッフと話している。
2	**営業状態を把握する**	店舗の月間目標設定に対し、月間2時間以上費やしている。
	店舗売上目標の把握や、予約状況の確認などの営業面を管理する	朝終礼で毎日5分程度予約状況などの営業情報を発信している。
		事前に遅れ対策を自分で考えて、月間1時間以上店長に相談している。
3	**モチベーションをキープする**	朝終礼の開催率は100%である。
	朝終礼を教育の場であると認識し、朝礼ではテンションアップ、終礼では本日の営業状況を反省する	朝終礼でのTODOリストの消化率は100%であり、解決するまで追跡できる。
		朝終礼のマンネリを防ぐために、月間2回以上やり方を変えている。
4	**店長とのパイプ役となる**	スタッフからの問題ケースワークを毎月3件以上集めている。
	店長とスタッフの間に入り、意思疎通の風通しを良くする	問題解決アドバイスの仕方について、月間1時間以上店長に助言をもらっている。
		店長への相談は、A4サイズ1枚にまとめた資料を準備している。
5	**自己啓発する**	管理者として自分はどのように考えているかを5分以上発表することができる。
	店長を補佐する役割として、店長の任務を勉強する	管理者気づきノートを作成し、月間1ページ以上追加記入している。
		月間2時間以上、気づいたことに関して店長よりアドバイスをもらっている。

〈特記事項・結果総括〉

1週間振り返ってみて良かった点、次週への抱負を書いてください。	
良かった点	
次週への抱負	

ランク：**店長**　　　担当：

店名：　　　　店　　期間：2014/　/　~2014/　/

※左の評価軸を参照して、5点満点で記載してください。

評価軸	1	2	3	4	5	月	火	水	木	金	土	日	週合計点	週平均点
チーフへの助言時間	–	–	1件	2件	3件								0	
店舗トラブル件数	–	–	トラブルなし	–	–								0	
チーフとの会合時間	~15分	~30分	~45分	~60分	60分~								0	
計画書記入率	20%~	40%~	60%~	80%~	100%								0	
計画達成率	20%~	40%~	60%~	80%~	100%								0	
新規設定件数	–	–	起案	–	設定完了								0	
翌日の報告伝達	5日以内	4日以内	3日以内	2日以内	翌日								0	
指示解釈率	20%~	40%~	60%~	80%~	100%								0	
理念浸透時間	~15分	~30分	~45分	~60分	60分~								0	
売上意識向上徹底時間	~15分	~30分	~45分	~60分	60分~								0	
チーフとの相談時間	~15分	~30分	~45分	~60分	60分~								0	
自主自立勉強時間	~15分	~30分	~45分	~60分	60分~								0	
自己投資時間	~15分	~30分	~45分	~60分	60分~								0	
名刺収集枚数	1枚	2枚	3枚	4枚	5枚~								0	
ノウハウ勉強会開催時間	~15分	~30分	~45分	~60分	60分~								0	

〈付録〉美容室 ランク別／行動チェックリスト

この表は、ランクチャートの行動実践内容を転記して、チェックリストにしたものです。

以下の行動が、売上に直結していることを意識して、 しっかり実践してください。

	カテゴリー	実践チェック内容	
1	**チーフとのコミュニケーションをよく取る**	チーフの動きをしっかり把握し、1日1件以上アドバイスを行う。	
	チーフと情報交換し、欠勤・在庫確認・予約確認など売上に支障の出ないように調整する	在庫切れ、スタッフ間、お客様クレームなどの店舗トラブルは月間0件とする。	
		チーフからの報告会合を月間1時間以上行っている。	
2	**人材育成を行う**	スタッフの自己成長計画書の記入率は、経過記入も含めて100%である。	
	スタッフ個々の人材成長計画を立案し、実践する	自己成長計画書の各項目は、チーフが管理し、達成率は80%以上である。	
		新規の適切な講習会などの受講件数は、年間4回以上設定している。	
3	**幹部会からの報告を行う**	幹部会等の内容の伝達は、翌日に100%報告している。	
	幹部会で決定したことを全員に伝える。経営理念の浸透に力を入れる	スタッフへの指示は、復唱などして100%解釈していることを確認している。	
		月間通算1時間以上、サロン理念を浸透させるための時間を使っている。	
4	**売上を必達する**	月間30分以上の時間を使って売上必達の意味を全員に徹底している。	
	会社の事業計画と連動して、売上意識を強固に持ち、全員を巻き込んで目標を必達している	目標未達を埋めるために、チーフとの相談時間を月間1時間以上使っている。	
		スタッフに自主自立した考え方を持つよう、月間1時間以上教育を行っている。	
5	**次のレベルの勉強をする**	次のレベルの勉強として、毎日30分以上自己投資時間に充てている。	
	多店舗を管理できる店長としての勉強を行う	視野を広げるために、月間5枚以上名刺を集めて人脈を広げている。	
		自分のノウハウを整理し、スタッフへの勉強会を月間1時間以上開催している。	

〈特記事項・結果総括〉

1週間振り返ってみて良かった点、次週への抱負を書いてください。	
良かった点	
次週への抱負	

あとがき

「ほめ育」が必須の時代へ

「ほめ育」でもっとも大切にしていることは、一人ひとりのミッションとかけがえのない価値を見つけてあげること。そして、物心共に成長できる環境をつくること。この本のノウハウの背景には、多くの経営者、店長、そして現場で働くスタッフの〝行動〟があります。

「原さん！　原さんのしていること、本当に良いことだから、ぜひたくさんの人に伝えて！」

そんな現場スタッフからの後押しがあり、私はそれをただ体系化し、こうやって本にしただけなのです。

「ほめ育」の目的は、本書で何度もお伝えした通り、「売上アップ」です。

売上が上がる行動＝お客様が満足する行動

この行動をほめるのです。

売上が上がると、モチベーションが上がる店長。コミュニケーションが良くなるスタッフたち。何より、経営者の笑顔につながります。売上が上がると次々に良いことが起こる事実。組織が売上を欲していることを、痛感しています。

売上はあとからついてくるという考え方も否定はしませんが、狙って売上を取りにいく。お客様からの「ありがとう」の数や質を高めていく行動に焦点を当てると、意識が変わってくるのです。人の力で、売上が上がる経験を、この本を読んでくださっている方に実感していただけると幸いです。

世間では、ブラック企業という言葉が流行し、ゆとり世代・さとり世代など時代に合わせた世代名がつけられ、労使関係が崩れ、企業の存続が危ぶまれています。

「ほめ育」を通じ、もう一度、経営陣と従業員が協力し、お客様の喜びに焦点を合わせ、精いっぱい行動する組織が増えれば、こんなに嬉しいことはありません。

お客様は〝現場スタッフの笑顔〟が見たいのです。いきいき、はつらつした笑顔で働いている、輝いているスタッフを見たいのです。その輝いている笑顔に、また人が集まるのです。

売上が上がる「ほめ育」を、ぜひ実践してみてください。売上が上がったお声を、ぜひ送ってください。人の力でまだまだ売上は上がることを、一緒に証明していきましょう。

最後になりましたが、この本を作るのに多大な協力をしてくださった、エクセルライティングの戸田美紀さん、Ｍｅｅｔｉｎｇ Ｍｉｎｕｔｅｓの廣田祥吾さんをはじめ、この本を読んでくださったすべての人に感謝します。

そして、本書がたくさんの現場スタッフの輝く笑顔につながることを、心から祈っています。

２０１４年６月吉日　　原　邦雄

著者略歴

原 邦雄
（はら くにお）

㈱スパイラルアップ
代表取締役

WEBサイト
http://spiral-up.jp/

1973年兵庫県芦屋市生まれ。大阪工業大学卒業。大手食品メーカー時代に営業数字の意識を高く持つことの大切さを学ぶ。船井総合研究所に転職するも、ある経営者に「コンサルタントは現場を知らん」と言われ、日本一、現場スタッフの気持ちが分かるコンサルタントになると決意し、現場の最前線であるラーメン店の洗い場に転職し、その後店長を経験する。現場のスタッフ、店長の気持ちがわかるコンサルタントとして「納得」「すぐ使える内容」と好評価を得ている。ラーメン店店長時代にスタッフをほめて売上が120%になった実績や、14カ月130%アップ、5年間採用募集費用ゼロの居酒屋、東証1部上場企業のマネジメント支援実績など多数。 2011年5月株式会社スパイラルアップ設立。クライアント経営者からは、「私の心の伝道師」「正論が通じない現場に理念を浸透させてくれる唯一の存在」と言われている。顧問先68社、2万人以上が研修受講し成長を実感。世界中の現場スタッフを輝かすことをミッションに、アメリカにも支社をつくり、定期的にアメリカや台湾に行っている。テレビ朝日『報道ステーション』やNHKにも、ほめ育コンサルタントとして登場。クライアントを繁盛させることが目的。共に成長していくコンサルティング手法は、日本だけでなく、海外からもオファーが続いている。

趣味：NBA観戦（LA LAKERSファン）、マリンスポーツ（ウェイクボード、ジェットスキー）

■講演・セミナー実績

アメリカのロサンゼルスでの講演２０回（カリフォルニア商工会議所など）【平成23～25年】全国商工会議所にて60回以上

売上が上がる ほめる基準

2014年7月5日　初版第1刷発行

著　者／原邦雄

発行人／中嶋正樹

発行所／株式会社商業界

〒106-8636 東京都港区麻布台2-4-9
☎ 03-3224-7478（販売部）
http://www.shogyokai.co.jp

振替口座／00160-6-4018
印刷･製本／シナノ書籍印刷株式会社
装　　丁／大森一郎

ISBN978-4-7855-0475-5 C0063 Printed in Japan